晚清社会主义与儒学思想

传统的现代转化

谢天 著

中国社会科学出版社

图书在版编目（CIP）数据

晚清社会主义与儒学思想：传统的现代转化／谢天著．—北京：中国社会科学出版社，2023.9

ISBN 978－7－5227－1526－1

Ⅰ.①晚…　Ⅱ.①谢…　Ⅲ.①社会主义—政治思想史—研究—中国—清后期②儒学—研究—中国—清后期　Ⅳ.①D092.52②B222.05

中国国家版本馆CIP数据核字(2023)第058019号

出 版 人　赵剑英
责任编辑　乔镜蜚
责任校对　李　莉
责任印制　王　超

出　　版　中国社会科学出版社
社　　址　北京鼓楼西大街甲158号
邮　　编　100720
网　　址　http://www.csspw.cn
发 行 部　010－84083685
门 市 部　010－84029450
经　　销　新华书店及其他书店

印　　刷　北京君升印刷有限公司
装　　订　廊坊市广阳区广增装订厂
版　　次　2023年9月第1版
印　　次　2023年9月第1次印刷

开　　本　710×1000　1/16
印　　张　12.75
字　　数　203千字
定　　价　68.00元

序

王德峰

谢天此著专论中国晚清社会主义思潮的思想史来历，这里的“思想史”是指中国思想史。

这一主题自然会引起学界读者和非学界读者很大的兴趣，因为，中国近代以来的各种思想、学说的兴起，向来被认为源头在西方。确实，在某种意义上，即在制度改造和社会理论的层面上，一部中国近代史可以看作是中国人向西方学习的历史，直到“十月革命一声炮响，给中国送来了马克思列宁主义”，这是历史事实。但事实是需要说明的。对这一事实的说明，有一个普遍被接受的“冲击—反应模式”。被冲击的是中国传统，而应对冲击的反应，则是“以西为师”，为的是从西方那里找到民族自救之路。在此意义上，中国是一个被迫进入现代化进程的国家。

本书著者不同意这个“冲击—反应模式”，将之称为必须被打破的“窠臼”。著者认为，取代这个模式的，应该是另外一种理解，即关于中国近现代思想学说在中国传统中本有“内生起源”的理解。本序笔者之所以细读此著，正是出于对这种理解的关注。

“内生起源”说，涉及对一个大问题的讨论，这个问题就是传统与现代之关系问题，具体而言，就是中西、古今之关系问题。这问题由来已久，长久地困扰着国人，个中滋味，是凡经历过社会变革之震动、且挣扎于传统文化精神之失落的痛苦中的人都品尝过的，而且直到今天还在品尝之中。因此，本书的主标题——“传统的现代转化”① ——就格外引人注目。

如何看待这个转化？有两种看法。一种是把这个转化看作是中国传统面对社会生活和国家生活的必然的现代化要求（来自西方的资本生产方式和科学技术已“打”到东方国家的门上了）而做的一种适应性调整；另一种看法是，这个转化是中国传统自身本有的进步倾向之实现。这两种看法之间的区别，是一种有原则重要性的区别。

如果我们都同意历史进步论（按：本序笔者同意历史进步论），那么，问题就在于，中国的进步是由西方化赋予的呢，还是中国传统的内生性进步？假如是后者，那就足以在根本上建立起中国人的文化自信。这就是外赋性进步与内生性进步的原则区别。

本书最重要的意义即在于论证中国的现代进步属于中国传统的内生性进步。其论证以晚清社会主义思潮的兴起为例，紧紧抓住了这一思潮在中国哲学中的存在论根基，即明清儒学中的气一元论思想及其演进。全书专注于此研究对象，以中国儒学思想史为基础，旁征博引、条分缕析、层层推进，以达全面阐明中国的社会主义选择在传统思想中的渊源。正可谓立论高而求证细，是一部学术佳作，本序笔者从中受益良多。

当然，还需说明的是，一部有学术价值的著作，其根本的价值其实并不在于它是否完全解决了所讨论的问题，而是在于它对问题的讨论本身是否足以引发出其他重要的相关问题。本序笔者因阅读此著而产生的对相关问题的思考有如下两点，都涉及中西哲学之差异的研究。

第一，如何理解中国哲学思想中的唯物主义要素？换言之，中国气一元论所云之“气”，与西人所谓“物质”之概念，其存在论上的区别是什么？

第二，西方历史进步论思想的哲学前提是“世界改造论”（以理念改造现实，一改造自然，二改造社会），也即源自柏拉图的理念论路向，而中国的历史进步论思想的哲学基础并不是理念论，那么，中国人关于历史之为向理想社会的进展的哲学论证是什么？

以上两点思考是由本书引起的。如果这样的思考能够充分展开，当

① 作者注：这是本书原定的标题

能引来另一部论著，它将既讨论中国式的唯物主义思想，又讨论中国历史思想的根本特征，以助力当代中国现代化发展前景之探讨。

是为序。

前　　言

本书聚焦晚清的思想转向中的社会主义思潮的勃兴，以居于传统和现代之间的两位思想大师康有为和刘师培的广义社会主义思想为研究对象，探究他们社会主义思想的内生起源，把康有为、刘师培的社会主义放在整个中国思想史的演变脉络中考察，考察他们和清代及更早的儒学思想之间的源流关系。

唯物主义存在论思想的发展为社会主义思潮奠定了基础，唯物主义强调人的情感欲望；强调历史维度的唯物主义，使得政治理想不再以当下的市民社会为不变的自然状态；强调实践维度的唯物主义，使得政治思想强；调改造市民社会以塑造更好的人性的社会。以此观照中国思想，儒家思想的情本体论和伦理观念和社会主义有一定亲和性。因为儒家的规范是从自然人情出发的，且随着人情在历史和环境中的变化而变化。在这点上，儒家的规范与社会主义有亲和关系；但另一方面，先秦儒家中不强调改造既有的人性，只在既有人性基础上寻求中庸境界的礼治思想，是和社会主义的思想基础格格不入的，这种缺乏实践的倾向是在明清气一元论思想中得以克服的。

明清气一元论是在对理学的拨乱反正，恢复儒学原初的精神而兴起的，它强调“气”在存在论中的唯一地位，因此承认了“道”是从人的社会存在中产生的。气一元论儒学的社会、政治层面发展出了重实践、重人情、历史演化论三个维度。当这种气一元论思想与现代工业社会相遇时，它的政治学说会亲和于社会主义。

康有为和刘师培在气一元论思想的基底上发展出各自的社会主义思想。因为思想来源的相似，他们的社会理想也相近。康氏和刘氏社会主义的差异面源自气一元论内部的思想分化。康氏气一元论下的重人情、重实践和历史演化思想都得以充分论述发展。康氏强调人性的历史性，主张人性可由实践改造，所以他的大同理想有类似于历史唯物论的倾向，使得其大同社会被置于未来维度。另外，他的大同社会也是一个人性充分解放、人得以全面发展的社会。

刘师培则通过以焦循为代表的扬州学派，继承了戴震的气一元论的基本架构。刘师培的无政府主义理想以戴震式自然人性论为基础。他虽强调人情感欲望的重要性，但其人性观是超历史的、缺少实践维度。正因戴震式气一元论过于强调认识，所以刘氏的实践观转向了强调“知行合一”的心学实践观，因此走上了唯意志论。因为超历史的人性观，刘师培的无政府主义是以当下为实现场所的。因其自然人性观缺少改造人性的实践思想，所以刘氏强调分配意义的平等胜过自由。这使其无政府主义成为一种没有历史维度的、绝对平等的社会形态。

目　　录

导　言

“小生乃由儒教走上社会主义。”①

——幸德秋水

一　选题的理论意义及实际意义

2019年，是五四新文化运动一百周年。五四新文化运动，一向被认为是在思想领域内，传统中国和现代中国之间的重要转折点。“五四”传统的断裂的突出特征是对旧中国主流思想—儒家思想的拒斥。然而，“五四”这个符号的巨大象征意义掩盖了之前19世纪末期中国思想另一场断裂的重要性②。

19世纪的最后十年和20世纪最初的十年，随着甲午中日战争中大清帝国的战败，中国思想界开始出现巨大的转变，这种转变滥觞于对传统政治的怀疑，正如张灏所言，“自我批判思想就开始摇撼这种统治秩序的核心了”③。它体现在旧的政治秩序和社会秩序在思想上的瓦解。以康有为、谭嗣同、梁启超、章太炎和刘师培等为代表的知识分子，都试图构

① 幸德秋水：《幸德秋水全集（第九卷）》，转引自张陟遥《播火者的使命——幸德秋水的社会主义思想及其对中国的影响》，社会科学文献出版社2013年版，第109页。幸德秋水是日本近代最早的社会主义者之一。

② ［美］张灏：《危机中的中国知识分子——寻求秩序与意义（1890—1911）》，高力克、王跃译，中央编译出版社2016年版，第6页。

③ ［美］张灏：《危机中的中国知识分子——寻求秩序与意义（1890—1911）》，高力克、王跃译，中央编译出版社2016年版，第6页。

想一种新的政治秩序。

然而晚清的思想大转型令人着迷之处即在于，它同“五四”不同，它并没有从思想根基上否认儒学。这场思想运动的干将都浸润在儒学传统的思想脉络之中。因此，这时的思想家对新秩序的构想，仍然（至少在表面上）深受儒学影响。因此，清末思想的承续性和断裂性究竟何在，就是一个十分值得探究的问题；另一方面，清末的思想转变，对于五四新文化运动的思想启蒙运动，有着承前启后的关键影响。探究清末思想对传统的承接和断裂，会使我们对“五四”乃至整个近现代中国和传统的理解更为深刻。

社会主义思潮，是中国近代史的重要思潮之一。张汝伦曾总结中国近代三大主流思潮，即历史进化论、社会主义和民族主义。[①] 社会主义思潮，在传统叙事中，是在五四运动和俄国十月革命之后方成为中国的重要政治思潮，它是从俄国革命之后传播到中国的。然而如果我们回溯1895年之后的清季时期，社会主义思潮、无政府主义思潮与我们熟知的带有一定种族色彩的民族主义思潮，已经成了知识分子间并行的最为盛行的政治思潮。需要特别指出的是，本书所讨论的“社会主义”思潮，是广义的社会主义思潮，包含主张社会平等的无政府主义思潮在内。

在这个时代最负盛名的知识分子中，康有为的《大同书》对未来大同社会的描述，具有社会主义的性质；刘师培的“天义”派无政府主义，也属于广义的社会主义范畴；章太炎虽不能说是社会主义者，但他在日本期间组织了“社会主义讲习会”，因此也极为亲近社会主义；谭嗣同的政治思想着力于“破”而非“立”，但他在《仁学》中也对空想社会主义乌托邦表示赞叹道：“殆仿佛《礼运》大同之象焉。”[②] 此外，此时还有留法学生的“新世纪”派无政府主义，等等。可见，对广义的社会主义的向往，不分改良派和革命派，在清末是个很普遍的现象。

晚清的思想家，是从儒学传统中成长的，他们大部分人并不像“五四”那样反儒，而他们又和社会主义有亲和关系。因此，晚清的社会主义/无政府主义思潮与以儒家为代表的中国传统明显具有亲和性。他们即

① 参见张汝伦《现代中国思想研究》，上海人民出版社2014年版。

② 谭嗣同:《仁学》载谭嗣同《谭嗣同全集》，中华书局1998年版，第367页。

使是从西方思想中引来社会主义，这也是一种选择性的吸收。传统对于这种选择性的吸收的作用也值得探究。研究晚清时期的社会主义、无政府主义思潮与中国传统之间的关系，有助于破除西方中心主义的成见，探究社会主义在中国生根发芽的内生视角，有助于思考以儒家思想为主流的中国传统思想与社会主义之间的关系。苏联学者博洛赫在其《20世纪初期的中国社会思想和社会主义》中提到“研究这个问题（中国近代多种形态的空想社会主义），可以打破欧洲中心论，认识东方与西方之间的互相影响”①。中国思想界在步入资本主义工业物质文明时对社会主义/无政府主义的偏爱，也有助于我们深入地思考中国政治思想同西方政治思想之间的比较，是中西思想比较中较好的切入点。

二　晚清各派社会主义/无政府主义思潮简介

晚清的社会主义和无政府主义思潮出现了各式各样的流派，有康有为的大同思想，天义派、新世纪派和章太炎的无政府主义思想等。康有为是晚清社会主义思潮中最典型的代表。康有为的大同思想实际上就是社会主义。梁启超在其《南海康先生传》中就明言“先生之哲学，社会主义派之哲学也”②。康有为曾经系统性地重新阐释了儒家传统，利用春秋公羊学派的据乱、升平、太平三世理论阐发出一套历史进化观念，把在空间维度上亘古不变的儒家的“道”转化为不同时间维度上的存在，儒家的礼、差等之爱只在不同的历史阶段各自起着重要作用。并将《礼运》篇对大同的描绘视为儒家的最高理想。康有为在其《大同书》中系统性地描绘了大同社会的蓝图和实现图景。《大同书》里的主张，包括公有制、去除家庭、生产社会化、去国界，都是典型甚至激进的社会主义主张。但同时，康有为的历史观使得他在大同社会实现路径与方式上是谨慎与保守的。

---

①［苏］博洛赫：《20世纪初期的中国社会思想和社会主义》，转引自《中国近代空想社会主义的特点及其向科学社会主义的发展》，《科学社会主义》1991年第5期，第58页。

② 梁启超：《南海康先生传》，载梁启超《梁启超全集（第一册）》，北京出版社1999年版，第489页。

无政府主义和社会主义并不是完全不同的政治思潮，而是诸多社会主义思潮中的重要一支。列宁在《国家与革命》中曾指出，“马克思在驳斥无政府主义者时，仅仅是反对这样地‘废除’国家”而无政府主义的谬误在于其废除国家的方式是不革命的①。由此可见，无政府主义在对人类未来的判断上，与包括马克思恩格斯在内的社会主义者有一定相似之处。所以，无政府主义是社会主义思潮中的一支。二十世纪初期无政府主义在日本和法国的中国流亡知识分子与中国留学生中特别盛行。从清末到辛亥革命前夕，中国的无政府主义已经形成了自己的理论。在日本的革命派知识分子中，兴起了以刘师培为代表的“天义派”无政府主义。他们虽属于革命派的阵营，但反对其他革命派狭隘的种族革命目标。刘师培强调人类平等、废除国家与政府、实现共产、人类的绝对平均、妇女解放，与康有为相似，而且“天义派”深基于国学土壤，其思想主要来自中国传统。但与康有为歌颂资本主义的物质文明的优点不同，刘师培没有秉持康有为的三世进化观念，主张激进革命。在实现途径上，刘师培强调农民革命。值得注意的是，在中国历史上，《天义报》最早引介了马克思的著作，刘师培更是给《共产党宣言》作过序，这和其无政府主义立场与马克思主义具有一定的亲和性有关，这给我们思考马克思主义在中国的发展与中国的本土思想资源之间的关系提供了启发。

在与“天义派”兴起的同时，在中国留法学生中兴起了另一个无政府主义派别“新世纪派”，它以《新世纪》周刊作为主要思想阵地。“新世纪派”成员众多，包括吴稚晖、李石曾、褚民谊，等等。由于它以留法学生影响，受到了法国无政府主义的思潮影响。新世纪派强调社会进化，但反对社会达尔文主义式的竞争进化，不主张暴力革命，强调人类互助、教育。与“天义派”不同，“新世纪派”在于其认为共和政治和资本主义是通往无政府理想的必要过渡阶段，与康有为相似，“新世纪”派赞美物质文明。另外，“新世纪派”反对刘师培为代表的国粹派对传统旧学的推崇，主张“尊今薄古”。

无论是康有为的大同理想，还是“天义派”“新世纪派”和章太炎的无政府主义思想，虽然在各自宣称的思想来源上、在对待中国思想传统

---

① 列宁:《国家与革命》，人民出版社2015年版，第62、64页。

的态度上、在对待西方物质文明的态度上、在实现理想的途径上存在诸多歧异，但他们的理想社会图景的描绘没有明显界限，都是与共产主义相类似的理想，即无国界、无种界、无人我界、无贫富贵贱、无政府法律纲常的社会。

三　社会主义和无政府主义思潮的兴起原因和理论资源：相关研究综述

（一）冲击—反应模式的相关研究

最早对中国近代思想史研究的学者多采用冲击—反应模式的视角，他们认为中国近代的思想来源于西方而不是中国的传统。那么，中国近代的大同思想只不过是西方乌托邦思想的投影①，而儒家传统不可能也不会引发社会主义的新思潮。这种判断和韦伯对儒教的经典研究有关系。韦伯把儒教纳入比较文化的视野中，在儒教与清教的对比过程中，韦伯认为，儒教伦理是对现世最有亲和力的思想，它把人对于世界的紧张感降到绝对的最低限度，在儒家的伦理中完全没有伦理要求与人类的缺陷之间的紧张关系②。这意味着儒家思想并不注重同现实政治秩序相分离的政治秩序。这个结论会推导出儒学的停滞性以及它与社会主义没有亲和力的结论。韦伯对儒学的判断影响了后来持冲击—反应模式观点的学者。不过，韦伯对儒家的研究的关注点是儒家能否诞育出原发的资本主义，他尚未及考虑儒家和现代化的适应关系，这方面的讨论以冲击—反应模式的代表列文森最为充分；另一方面，韦伯所采取的是其“理想型”（Ideal Type）的方法，以理性主义作为考察视角来考察儒家③，而韦伯所依据的资料又都只是先秦儒家的经典。因此韦伯对儒家的考察是静态的，没有考虑到历史中儒学的流变对他结论的冲击，这也成为之后冲击—反应模式考察中国近代思想史的通病。

---

① 陈周旺：《正义之善：论乌托邦的政治意义》，天津人民出版社 2003 年版，第 84 页。

② ［德］马克斯·韦伯：《儒教与道教》，王容芬译，商务印书馆 2004 年版，第 299 页。

③ Weber, Max, *The Protestant Ethic and the Spirit of Capitalism*, trans by Talcott Parsons, Los Angeles: Roxbury Publishing Company, 1998: p. 25.

列文森（Joseph Levenson）是思想史领域内冲击—反应模式的代表。列文森主张儒家思想在中国近代转型中遭遇断裂，认为儒家思想作为一个整体，已经无法在思想上应对转型后的新秩序，近代中国知识分子对传统儒教只是一种情感上的眷恋，而无法将儒教作为自己的准则。列文森认为儒学面对西方冲击时，其传统的“体用关系”破裂了。洋务派在西方入侵的情况下，提出“中体西用”的主张，尤以张之洞的《劝学篇》为代表。中体西用论试图在政治、社会和思想领域内维系儒教统治的同时，引进西方的物质文化。但是，在整个儒教思想体系中，本应是“道器不分，体用不二”的，洋务派将“道”和“器”分裂开来的做法本身就违背了儒家准则，并且使得“道”没有依托而空洞化，因此这种在近代化中拯救儒教的做法因为分割了“体—用”和“道—器”的关系而必然失败。以倭仁为代表的保守派看到了洋务派中体西用论的问题，试图捍卫“道”和“器”的统一性，却又无法面对西方的冲击也走向失败。在晚清，今文经学和古文经学得以复兴，他们都看到了一个现实，即已经无法在制度和思想上忽视西方，因此试图在儒家和西方思想之间弥合。今文经学的代表康有为试图用自己的进化论学说弥合中西思想，但进化论本身意味着旧的儒家的“体”被抛弃了，只有孔子的神龛依旧保留；而古文经学在章太炎的“六经皆史”论中更是走向了相对主义①。因此，列文森指出，经过一系列思想冲击，儒学仍然无法在西方冲击下保持对社会的控制。列文森没有审视晚清的社会主义思潮，但在他的思想框架内，晚清的社会主义思潮自然也是西方冲击的产物。

“冲击—反应”模式现在已经广受批评。尤其受到以柯文（Paul A. Cohen）为代表的持“中国中心观”观点的学者的批评②。批评认为冲击—反应模式默认了传统中国已经陷入停滞和循环中，西方的入侵以及新思想、新事物的引入改变了这种现状，因此忽略了对中国内生变化的分析。冲击—反应模式的视角局限在表层、静态的层面上。因此其对中

---

① Levenson, Joseph R., *Confucian China and Its Modern Fate – A Trilogy*, Oakland: University of California Press, 1958: pp. 10 – 65.

② 关于柯文对冲击—反应模式的批判参见 Cohen, Paul A., *Discovering History in China: American Historical Writing on the recent Chinese Past*, New York: Columbia University Press, 1997: pp. 1 – 45.

国近代思想史的描摹和探究显然具有片面性。

然而笔者认为，列文森的解释仍然有其洞见。列文森抓住了儒学的一个关键特征，那就是"道—器""体—用"这两对关系的统一性。儒学从先秦时代诞生起，就不同古希腊思想那般，将形而上和形而下的世界割离。儒学本身是从自然人情和人伦日用出发的，因此"道"和"器"必然是相统一的。因此，当面对西方冲击使得"体"和"用"必然改变时，在儒学的框架中，旧的道德和制度的失效是必然的。就这一点而言，冲击—反应模式仍有其解释力。这也说明了，从古代中国的乌托邦传统或者《礼记·礼运》篇对大同社会的描述这个传统出发，建构其与晚清社会主义思潮之间关联的做法无疑太简单了，而且是可疑的。

但是，以列文森为代表的持冲击—反应模式主张的学者所共同存在的问题，就是他们片面地将儒家思想和近代化之间的关系二元对立了，完全否认了儒家内部和近代化之间可能存在的亲和关系。晚清思想家在西方冲击之下对西方思想有所吸收，但这种吸收是选择性的，而选择性的基础则来自传统。列文森对晚清儒学中"道"和"器"统一性的丧失的判断是准确的。晚清知识分子面对新的"器"，也自然会引发他们对新的"道"的探寻，但这并不意味着儒学完全丧失价值，或者说它仅仅变成了一种"感情的依恋"。儒学本身是承认变化的，因为儒学的"道"既然从人情出发，当面对新的社会和人情（即"器"）时，按照一定方式确立新的"道"是儒学应有之义。当晚清思想家试图从新的"器"出发，发展出新的"道"（也即新的理想秩序）时，这个从"器"至"道"的思想过程就深受儒学传统的影响，这是以列文森为代表的持冲击—反应模式观点的学者们所没有考虑的情况，也正是本书所要着力探讨的问题。

（二）唯物史观的研究

中国大陆的学者则多采用传统的马克思主义阶级分析的方法对中国近代社会主义和无政府主义思潮进行研究。蒋俊、李兴芝运用马克思主义阶级分析的方法分析了清末无政府主义思潮产生的原因，他们认为，刘师培等人的无政府主义思想表达的是小生产者和小资产阶级的愿望和要求。按照传统马克思主义的阶级分析方法，他认为小生产者具有革命性和保守性的双重特性。从自身受压迫、受剥削的阶级地位出发，他们要求推翻腐败的清政府；保守性体现在他们反对发展资本主义。因为其从历史发展过程分析，小生产没有前途，会为现代化的大生产所代替，故而小生产阶级感到恐慌，所以会产生无政府主义的思想①。这种阶级分析方法模仿了马克思、恩格斯在《共产党宣言》第三部分中对“小资产阶级的社会主义”的分析方法②，但用它来解释中国近代思想局限性很大，它仅限于部分解释“天义派”无政府主义兴起的原因，无法解释康有为、“新世纪派”无政府主义对于物质文明的讴歌。

郑大华也是从阶级分析的角度分析近代无政府主义和社会主义的兴起的，不过与前者不同，他不是从转型期的中国知识分子的阶级属性去分析，而是从传统中国的农民的阶级特性去分析，因为中国存在汪洋大海一样的小农阶级，其追求“人人有饭吃，人人有衣穿”“有田同耕，有钱同使”，没有剥削和压迫的平等要求，为社会主义成为近代中国最主要的社会思潮提供了阶级和社会基础③。这种阶级分析与前者相比，突出了中国与西方相比的独特性。但它的说服力是有限的，因为按照这种解释路径，社会主义思潮似乎应仅仅局限在经济和土地层面（如孙中山的民生主义，但这种单纯从经济层面理解社会主义的思潮在晚清并不占主流），它无法解释康有为和诸多无政府主义对政治层面的理想社会的激进取向。

虽然现有的通过唯物史观研究晚清社会主义思想文献的理论建构仍显粗陋，但在本研究中，如何对待唯物史观的方法仍是一个需要严肃对待的问题。从总体上来说，唯物史观使得思想本身的独立性被减弱了。因为思想归根结底被看作是经济基础的产物。不止马克思主义的唯物史观，凡是采取历史主义角度看待思想史的研究方法都会面临这个问题。在西方政治思想史研究中，这种历史主义曾大行其道。譬如萨拜因（George H. Sabine）认为，政治思想不可能超越其特定的时代问题而存在。④ 也就是说，政治思想是环境的产物。在普遍为大众所简化的唯物史

① 蒋俊、李兴芝：《中国近代的无政府主义思潮》，山东人民出版社 1991 年版，第 67 页。

② 马克思、恩格斯：《共产党宣言》，人民出版社 2014 年版，第 54 页。

③ 郑大华：《中国近代社会主义研究的几个问题》，《教学与研究》2010 年第 10 期。

④ Sabine, George H., *A History of Political Theory*, 4th ed, Hinsdale: Dryden Press, 1973: p. vi.

观中，这就是社会存在决定社会意识。然而，马克思和恩格斯的唯物史观并非简单的经济决定论。恩格斯在1890年给布洛赫的信中明确指出：凡是"说经济因素是唯一决定性的因素，那么他就是把这个命题变成毫无内容的、抽象的、荒诞无稽的空话"①。恩格斯认为历史结果，是无数互相交错的力量，通过类似平行四边形般的力合成的方式而造就的。各种力量背后有各自的社会根源，但其形成之后具有自己的相对独立性。在思想史研究中，这项准则也是适用的。马克思和恩格斯在自己的思想史研究中也没有将其简单化为经济（或社会环境）决定论。譬如，本书第二章将提到，马克思在《神圣家族》中，对近代社会主义思潮的梳理中也总结了它与英法近代唯物主义之间的有机关联；恩格斯在《社会主义从空想到科学的发展》中，也曾将社会主义思潮视为对法国启蒙思想的原则的继承。

另一方面，在研究前资本主义时代时，用经济基础来解释包括思想在内的上层建筑的做法究竟能够有多少解释力，也受到不少马克思主义学者的质疑。卢卡奇（Georg Lukács）将经济决定论和现代社会中人的物化（reification）现象联系在一起，由于物化，人本身变成了抽象的数字，社会规律变成了数量化的存在，因此"资本主义社会通过其商品经济的和交往经济的组织赋予经济生活一种极其独立的、自我封闭的和由内在规律产生的特性"②。而在前资本主义社会中，人的物化没有达到资本主义社会中的彻底程度，因此各种上层建筑更加独立于其社会生活的基础。所以在对前资本主义社会的研究中，通过经济基础来讨论包括思想在内的上层建筑，会困难很多。所以卢卡奇认为"历史唯物主义不能像运用于资本主义发展的各种社会形态那样完全以同一种方式运用于前资本主义的各种社会形态。"③ 英国马克思主义历史学家佩里·安德森（Perry Anderson）也有相似观点，在安德森看来，资本主义社会是史上第一次

---

① 恩格斯：《恩格斯致约瑟夫·布洛赫》，载《马克思恩格斯文集（第10卷）》，人民出版社2009年版，第591页。

② ［匈］卢卡奇：《历史唯物主义的功能变化》，载［匈］卢卡奇：《历史与阶级意识》，杜章智、任立、燕宏远译，商务印书馆1992年版，第326页。

③ ［匈］卢卡奇：《历史唯物主义的功能变化》，载［匈］卢卡奇：《历史与阶级意识》，杜章智、任立、燕宏远译，商务印书馆1992年版，第335页。

"把经济作为一种形式上自足的秩序，进而将其区分出来"[①]，因此在研究前资本主义社会时不可能脱离包括思想和意识形态在内的上层建筑。安德森甚至主张在研究前资本主义社会的转型时，转型的决定因素须从前资本主义的上层建筑中寻找。笔者认为，卢卡奇和安德森作为持马克思主义立场的学者，深刻地指出了在研究前资本主义社会思想时，思想本身具有相当的独立性，思想史本身的源流和脉络有着不可忽视的独立意义，而不能简单地以经济基础来进行因果分析。

本书研究的主要内容是晚清社会主义思潮同儒学发展（尤其是清代）之间的源流关系，卢卡奇和安德森对前资本主义社会上层建筑相对独立性思想的阐发，说明本研究和历史唯物主义并不矛盾。尤其是对于中国思想史而言，由于儒学在两千年间一直是中国思想中的主流，晚清思想家的问题意识和核心概念都是在之前儒家思想的范围之内。在整个儒家思想的演变中，问题域高度集中，存在明显的连续性和脉络。中国思想史上无论是今古文经学之争、汉学与宋学之争还是理学与心学之争，其问题域都是在早期儒家已奠定的思想基调中设定的。因此，思想演变的脉络，尤其是清代思想的变迁，同晚清社会主义思潮兴起之间的关系是值得重视的。

本书也并不试图以片面的内生思想脉络演变的分析，来完全取代同样片面的经济/环境决定论分析，或冲击—反应模式的分析。本书着力于论证儒学思想要素和儒学演变的脉络，使得晚清思想家对社会主义产生了亲和关系，促使他们或原创，或选择性吸收了社会主义思想。本书并不试图在二者之间建立充分必要的因果关系，而只是探讨一种亲和关系。因此，虽然本书无意于从经济—环境决定论的角度探讨晚清社会主义思潮的兴起，但笔者并不否认上述方法的重要性。

（三）从内生视角探讨近代中国社会主义思想兴起的文献

冲击—反应模式和阶级分析的方法对中国近代社会主义思潮起源的解释力显然是有限的，中国近代思想固然不可避免地受到西方政治和文化的影响，但即便如此，中国对西方现代文化的吸纳是具有高度选择性

① Anderson, Perry, *Lineages of the Absolutist state*, London: Verso, 1979: p. 404.

的。所以必须重视从中国思想变迁的内在理路方面去进一步研究。

汪荣祖反对列文森的冲击—反应模式，他认为，晚清的思想家是文化国际主义者（cultural universalist）而非文化国家主义者（cultural nationalist），他们深信人类基本价值和真理是相通的，所以并不在理智上排斥传统①。汪荣祖认为，清末思想家将中西文化的区别视为表面现象，所以他们的文化观是中西文化的璧和。而大同思想正是中国传统儒家、道家思想与西方思想杂糅的产物。汪荣祖的分析虽然批判了“冲击—反应”模式的西方思想在理智上战胜的思路的缺点，但仍未在学理上分析为什么在这一时期，中西思想的融汇会导致社会主义和无政府主义的流行。为什么儒家传统与西方思想的早期碰撞会导致社会主义的思潮，而不是之后新儒家的亲自由主义的模式，汪荣祖也未加说明，儒家思想中哪些元素和社会主义有亲和关系。

张灏强调中国的儒家传统带给早期社会主义和无政府主义者康有为和刘师培带来的影响。他认为，康有为和刘师培会发展出社会主义和无政府主义因素，是因为他们思想中道德性支配的作用。即他们在其世界观的中心设置了被看作是自我和社会价值内核的道德形象，这种道德形象向他们提供了一张“认知地图”，以能在宇宙意义上安置和调整他们自己②。他们的乌托邦理念来自儒家特有的关于个人生活的道德目的的观念③。但张灏并不认为西方因素是可有可无的。儒家道德理想存在着固有的紧张，如“仁”的理念与家族主义和现存社会秩序之间的紧张；儒家的每个人都有道德完善的潜能的信仰和既有社会秩序之间的紧张。这种紧张在旧时代可以调和，然而在近代却成了根本性紧张，西方的冲击是必不可少的因素。张灏认为，西方的思想和价值起了文化催化剂的作用。西方的政治秩序使得知识分子发现了中国传统政治秩序之外可供选择的新秩序。康有为和刘师培思想中的未来主义取向应该归因于西方历史意识的冲击。张灏的理论结合中国轴心时代诞生的思想的内部张力和外部

---

① ［美］汪荣祖：《晚清变法思想论丛》，新星出版社2008年版，第45页。

② ［美］张灏：《危机中的中国知识分子——寻求秩序与意义（1890—1911）》，高力克、王跃译，中央编译出版社2016年版，第235页。

③ ［美］张灏：《危机中的中国知识分子——寻求秩序与意义（1890—1911）》，高力克、王跃译，中央编译出版社2016年版，第235页。

冲击来解释清末社会主义思潮的兴起，是很有见地的。但张灏可能忽略了从儒学内部思想史发展的脉络来考察的思路。事实上，这种张力向“仁”的转移偏移并不一定是西方外部冲击带来的，从王阳明的心学、明末清初的“气论”的盛行、清代戴震对欲望的肯定中就已经逐步开始了。所以张灏有可能高估了外部冲击的作用。

金观涛和刘青峰认为，中日甲午战争后社会主义和无政府主义在知识分子中兴起的缘由在于其对于儒家的逆反价值的选择。由于儒家是一个以道德本身为终极关怀的文化系统，由于其道德价值具有非好即坏的两极性，当某种道德被证明是不可实现或是不可欲，那么相反的价值系统就会被认为可欲的。他认为，大同把取消制度、法律和各种社会规范的社会当作理想状态，这种思想方法并不是来自儒家，而是来自道家价值在社会观上的体现[①]。《礼记·礼运》吸收了许多道家和墨家的思想。而在宋代宋明理学兴起之后，理学的天理世界和礼作为一种道德境界，有效地取代了道家思想的乌托邦。而中日甲午战争之后，理学中不变易的天理遭到了摧毁，那么与天理世界逆反的，取消制度和差别的世界观就会流行。金观涛的理论在一定程度上结合中国内生和外部冲击的视角，解释了取消制度、财产的社会主义思潮在甲午战争后流行的原因。但是，单纯用“价值逆反”来解释乌托邦理论的兴起，无法解释为什么有的儒家价值在清末社会主义思潮中得到保留，而有的却没有。

董四代等学者借用雅斯贝尔斯的轴心时代思想，认为中国近代社会主义思想的理论源泉应该上溯到中国文化成形的春秋战国时期。春秋战国时期以儒家为代表，提出了许多深刻的历史命题，这些历史命题体现了深刻的批判性和历史的超越性，为之后思想变革提供了空间[②]。董四代认为孔子“老安少怀”“四海之内皆兄弟”的思想，以及墨家兼爱思想和孟子的王道仁政、井田制思想都对中国近代大同思想产生了影响。但是这种分析仍然失之于粗疏，没有对先秦轴心时代思想对于近代社会主义

---

① 金观涛、刘青峰：《中国现代思想的起源：超稳定结构与中国政治文化的演变》，法律出版社 2011 年版，第 284 页。

② 董四代、王海林：《中国近代社会主义思想的几个理论问题》，《江西师范大学学报》（哲学社会科学版）2015 年第 4 期。

和无政府主义发生影响的机制进行阐明，即没有阐明为什么在晚清大同思想才会全面复兴。

1. 沟口雄三的中国社会主义内生论

在众多从内生视角探究中国近代社会主义思想的学者中，笔者认为，日本汉学家沟口雄三是最值得认真讨论的一位代表。沟口雄三之所以重要，原因之一就在于他对儒家和中国社会主义之间关联的系统思考。从研究范式上来说，沟口氏的内生视角反对用西方近代化的过程和核心概念来比附和衡量中国的近代化（比如有学者试图用韦伯的新教伦理的理想型重新考察儒教伦理，就受到沟口氏的批判），沟口主张中国的近代化过程不是同其传统社会的决裂，但也不是传统社会僵化的继续，而是传统一直处于不断的、内生的演变之中，而中国的近代化本身处于这种传统演变的脉络之中，因此沟口氏将中国的近代化比作蟒蛇（喻传统）蜕皮的过程。因此中国的近代化应该放在其自身演变的视角下进行考察。而西方中心主义的视角会使人忽略中国自身演变的脉络，而将传统中国视为僵化的受冲击的对象。沟口氏终生学术工作，都在试图以中国自身脉络的方式来界定中国的近代。

在思想史领域内，沟口的研究也是按照同样的理路。沟口将中国近代思想家的思想理解为整个中国思想史的演进脉络的一部分。他有意识地发掘中国近代思想同西方思想的根本差别，并将其归因于中国传统思想自身的脉络。沟口认为儒家思想和社会主义之间有关联，其原因也正在于此。沟口认为，中国思想史中的“公”一直具有“平分”之义[①]。而在宋学的核心概念“天理”中，强调了天理之公这种以万物之心为心的境界和人欲之私相对的意义，人的个别的差异性被带有普遍性的天理的“公”所包容[②]。沟口认为宋学这一框架一直为之后的儒者所继承，因此宋学中的以“公”为基础的“天理”可称为中国的“自然法”，其地位可与西方中世纪的阿奎那（Thomas Aquinas）相提并论。这种“自然

---

① ［日］沟口雄三：《中国的公与私·公私》，郑静译，生活·读书·新知三联书店2011年版，第8页。

② ［日］沟口雄三：《中国的公与私·公私》，郑静译，生活·读书·新知三联书店2011年版，第14页。

法”意味着带有公平、平均色彩的“公”，与“私”相比，在中国思想的道德和政治传统上一直具有优先地位[①]。沟口试图以此“中国的自然法”来界定中西近代思想的差异。而在中国近代思想中，虽然表面上引进了西方的自由、平等等西方现代概念，但其语境都是中国式的，即被包含在天理、公的内涵之中。由于具备普遍性的“公”在中国的近代化过程中，趋向于反对个人的“私”[②]，所以中国近代思想对社会主义思潮更为亲近。譬如“公的这种积极的天下普遍性使民权主义通向了民生主义”[③]。他主张，受中国传统大同思想影响，中国近代是难以建立所谓“私权”的。中国近代化革命就是“公革命”的过程，无须待到西方马克思主义传入，革命一开始就具有社会主义色彩[④]。

沟口雄三的研究范式对笔者启发最大的就是，他将中国内生的思想脉络作为一个独立的考察对象，不把近代视为传统的断裂，把思想史视为具有连续性的，并在中国自身的基底上寻求近代思想的来源。沟口先生关于传统思想本身自我转化的主张影响了本书的研究理路。本书在对晚清社会主义思潮的思想来源的探寻中，也试图将康有为、刘师培等的思想，同清代儒学演变的脉络联系起来，强调近代对古代思想的继承性。

笔者认为，沟口先生将儒家思想的演进与社会主义相关联的思想是极有创见的，但是其切入点仍有问题。沟口的内生视角过于强调中国同西方近代化的区别，其理论必然强调中国传统的“基底”和西方有根本性的差异。他把这种差异上升到了中西“自然法”的差异，即中国偏向“公”的朱子学自然法和西方偏向“私”的阿奎那自然法。然而这无法解释为什么在西方思想中从托马斯·莫尔（Thomas Moore）开始，也存在诸多的社会主义思想。过于强调中西思想基底的不同，就会在研究中忽视影响社会主义形成而中西共通的思想要素。

---

① ［日］沟口雄三：《中国思想史·宋代至近代》，龚颖、赵士林、孙道凤译，生活·读书·新知三联书店2014年版，第159页。

② ［日］沟口雄三：《中国的公与私·公私》，郑静译，生活·读书·新知三联书店2011年版，第40页。

③ ［日］沟口雄三：《中国的公与私·公私》，郑静译，生活·读书·新知三联书店2011年版，第40页。

④ ［日］沟口雄三：《作为方法的中国》，孙军悦译，生活·读书·新知三联书店2011年版，第57页。

另外，沟口氏的研究将“公”视为儒家，尤其是宋代以后儒家的普遍特征，这仍然把儒家思想过于笼统地处理了。沟口氏虽然强调儒家历史演变的脉络，但忽略了儒学内部不同流派的差异，及其在儒学近代化过程中所带来的不同后果。这影响了沟口氏理论的解释力。譬如，儒家在中国近代并不都是亲和社会主义的。以牟宗三、唐君毅、徐复观等为代表的新儒家的政治哲学从儒学心性论出发，却更接近于自由主义。对此，沟口的思想史理论框架并不能解释。因此，在本书的研究中，对儒学的不同分支进行了分别的探讨，而没有大而化之地完整探讨儒家思想的近代影响。本书将晚清社会主义思潮同明清儒学的一支——气一元论思想相联系，并将气一元论思想内部的分支所带来的各自影响的差异性也细加讨论。譬如本书在讨论同受气一元论思想影响的康有为和刘师培时，分析了他们受气一元论儒学的不同分支的影响，这反映到了他们的社会主义思想的特征中呈现的歧异。

综上所述，上述从内生视角出发的学者都意识到了冲击—反应模式的解释力的限度，而力图从中国内生视角探讨中国近代社会主义思潮的兴起，寻找这种思潮的中国思想资源。但对于中国思想中的什么资源是社会主义思潮的基础，各家尚众说纷纭，对于中国内部思想资源影响社会主义思潮的机制，探讨也尚不够有说服力。

（四）总结

通过以上的分析，笔者发现，学术界对社会主义思潮在中国的流布的考察多集中在五四时期，对于之前盛行的无政府主义和早期社会主义思潮的考察是比较少的，已有的研究聚焦到某个思想家、某个思想流派的情况较多，将晚清民初时期的社会主义和无政府主义思潮作为一个整体进行考察的文献尚在少数，因此尚没有对社会主义和无政府主义在晚清得以兴起的原因和机制进行自洽和严密的解释，故而可谓缺乏宏观把握。已有的少量对之进行宏观把握的文献一方面在思潮兴起的解释机制上还是粗疏的，另一方面在将宏观研究和微观研究的结合上也是不足的。

四 本书的特点、创新之处和必要说明

综合前人研究的优点和缺点，笔者确定了本书研究的主要结构。本书的目的是探究晚清社会主义思潮（广义的社会主义意义上）与传统的关系，因此主要也是通过内生的视角。本书选取的主要研究对象是康有为和刘师培。首先是因为这两位思想家的社会主义特征非常明显，其次是这两位思想家都受传统影响极深，刘师培是清代扬州学派的殿军和古文经学的代表；康有为是清代今文学派的殿军，因此他们的思想仍在传统的脉络中。探究他们的社会主义思想和传统的关系就比较明确和有意义。晚清“新世纪”派无政府主义在中国近代左翼思潮中的地位虽然很重要，但它和清代思想演变的脉络之间的关系比较模糊，所以本书暂且不论。

本书采取内生视角，拟把康有为、刘师培的社会主义思想放在整个中国思想史的演变脉络中考察，考察他们和清代以及更早的儒学思想之间的源流关系和演变过程。因此本书不会将传统视为僵化的固定的存在，也不会将康、刘等的思想视为同传统完全断裂的关系。但通过总结之前从内生视角探究中国近代社会主义的研究的经验教训，本书并不主张将西方和中国二元对立起来。相反，本书承认，社会主义思潮诞生的思想基础，在中国和西方思想中都是相通的，社会主义首先出现在西方，因此没有必要如同沟口先生那般认为中国思想有独特的“自然法”和社会主义相关联。本书的研究首先从西方社会主义诞生的思想源流出发，探究社会主义的思想来源及其机制关系。并以此为根据，在中国思想中寻找相似的思想基础①。所以，本书也不会面面俱到地考察传统，而是着眼于从西方社会主义产生机制中总结的“理想型”，以此为视角考察中国传统。

中国古代曾经有过许多主张平等的乌托邦思想，然而本书认为，康

① 这类似于韦伯以从清教伦理中总结的“理性化”（入世禁欲主义）为理想型来考察世界各宗教类型同资本主义有亲近关系与否的方法。笔者深受其启发。同样启发笔者的还有丸山真男对日本江户时期气一元论儒学与日本近代化之间关系的探讨。

有为和刘师培的社会主义思想与其并无关系。因为社会主义思想是对工业社会的回应。建立在农业社会基础上的均贫富思想与其并无关系。康有为的“大同”概念也只是对《礼运》的借用，内涵并不一致。所以，本书并不准备将古代乌托邦思想视为晚清社会主义的本土资源。本书认为，传统思想同近代社会主义的亲和，主要是因为传统思想中包含哲学存在论问题在内的更根本问题（而不是传统思想中建立在农业社会基础上的社会—政治理论）的思想特质，使其在接触到现代工业社会时，容易与社会主义亲近。

本书通过分析认为，在西方社会主义思想史中，具有实践、主张人情自然合理并且具备历史维度的唯物主义思想，尤其是近代英法的唯物主义，是西方社会主义的思想来源；而在中国儒学中，首先在轴心时代的先秦儒学中，其以自然人情为本的情本体论奠定了（同西方唯物主义）相似的基调，而在后来儒学的一支——气一元论儒学，在对理学的反动中，发展出了重视人情、实践，承认历史演化的类唯物主义思想，而清末的康有为和刘师培正是都处在这个儒学流派的思想基础上，对社会主义产生了亲和关系。他们或发展出自己的社会主义思想，或选择性吸收西方的社会主义思想。

在此需要对“气一元论”进行解释，以免读者困惑。“气一元论”有时也被称为“气本论”或“气学”。“气”作为一个儒家存在论的概念兴起于北宋时期。宋代是儒学存在论理论不断完善的时期，“理”和“气”作为儒学存在论的核心概念，究竟谁居于优先地位，在儒学内部不断引起争论。同“理”的先验性和抽象性不同，“气”这一概念和“物质”有相近之处①。气一元论儒学同理学、心学类似，各是儒家中的一支，它在北宋张载的思想中滥觞，在明代王廷相等思想家处得以复兴，气一元论的复兴是对居于官方思想地位的程朱理学的理气二元论存在论的反动，是对理学中抽象的“理”的先验性的否定。气一元论的社会政治学说在明清之交的王夫之等思想家处得以完善，在清代的颜元、戴震、章学诚、魏源、龚自珍等思想家那里不断发展，并成为清末康有为和刘师培的思

① 在英文文献中，“气”有两种主流译法，即 ether（以太）和 material force，两种译法都强调儒学存在论概念“气”和“物质”的相似之处。

想基础来源。本书的观点是气一元论儒学在社会政治学说上的发展，为晚清社会主义思潮的兴起提供了土壤。

需要说明的是，在文献综述部分已经指出，本书并不试图在传统和晚清社会主义的关联中建立充分必要的因果关系。本书认为，正如恩格斯“力的平行四边形合成”的比喻揭示的，晚清社会主义思潮的勃兴原因是多方面的。冲击—反应模式和经济、社会环境的影响等各种原因同样存在，只是本书着力于探究其内生因素，但并不忽略外界冲击和经济社会因素的影响。

另外，需要指出，本书作为探究源流和脉络关系的思想史作品，是着眼于知识精英思想的源流和影响的，而不是社会大众思潮特点的研究。这是因为晚清的社会主义思潮仍然是一种精英思潮，在那个年代，社会大众中社会主义土壤是很稀薄的。而对于本书探究的主要对象，即康有为和刘师培而言，他们的思想更是对之前思想精英（如朱熹、戴震、颜元等等）的继承或批判。

五　本书结构

本书的关注点是晚清社会主义思潮的源流问题，因此，本书行文的重点不在于对康有为和刘师培的社会主义理想本身性质的探讨，而在于对于二人社会主义思想源流的分析。本书重在探讨儒学思想资源和明清儒学演变脉络对二人社会主义思想形成的影响。

除了本导言和末章结语外，本书分为六章。六章大致分为三个部分。第一部分包含第一章，主题从西方社会主义思想史总结社会主义思潮的思想来源；第二部分包含第二、三、四章，主题是从儒学的特征和儒家思想发展的脉络的角度考察传统思想和社会主义的亲和关系。第三部分包含第五、六章，分别讨论晚清社会主义思想的代表康有为和刘师培的思想来源和思想特征。本书各章主要内容如下。

第一章的目的是从西方思想史的源流的角度，探究社会主义思潮的思想来源。本章从马克思在《神圣家族》中对社会主义思想源头的经典论断出发，认为唯物主义存在论思想的发展为社会主义思潮奠定了基础。唯物主义的一大特征是强调人的情感欲望。同时强调历史维度的唯物主义使得政治理想不再以当下的市民社会为不变的自然状态，强调实践维度的唯物主义使得政治思想强调改造市民社会以塑造更好的人性的社会。因此强调历史、实践和人情维度的唯物主义思想，是社会主义思潮的源头。

第二章以第一章考察的社会主义思想源头为依据，考察奠定中国传统思想基调的先秦儒家。本章发现，儒家思想的存在论和伦理观念和社会主义有一定亲和性。儒家规范的特点是从自然人情出发。儒家这种与时变易的、建立在自然人情上的政治观可称为情本体论，因此和社会主义是有亲和关系的；而另一方面，先秦儒家中不强调改造既有的人性，它只在既有人性基础上寻求中庸境界的礼治思想，是和社会主义的思想基础格格不入的。

第三章考察晚清社会主义的传统思想根基——明清气一元论儒学。本章从气一元论批判和反对的主要对象——程朱理学谈起。程朱理学中存在论的核心概念“理”的先验性和抽象性破坏了先秦儒家的情本体论，一度导致儒家和社会主义的亲和力丧失。气一元论从理学塑造的存在论概念“气”出发。将具有物质含义的气作为存在论的唯一概念，它否定了理气二元论，否定了划分“义理之性”和“气质之性”的人性二元论，否定了“义理之性”对欲望人情的束缚。倾向于肯定人情欲望的天然合理性；气一元论肯定了人性形成于人的社会生活，倾向于重视社会实践，重视人的主观能动地改造现实世界的活动。通过王夫之、戴震、颜元等明清思想家的发展，气一元论儒学社会理论的人情、实践两个维度得以发展，形成了重视人情和实践的类唯物主义思想，从而为晚清社会主义奠定了思想基础。

第四章考察历史演化理论的本土来源。历史演化论是康有为大同思想的基础之一，本章认为，历史演化论不是完全从西方“天演论”引进的舶来品。在明清气一元论的发展中，产生了历史演化理论的潜质，经过章学诚、龚自珍等气一元论思想家的不断发展，通过公羊学等外衣包装，“道在历史中”的历史演化论已经为康有为的大同思想中的历史进步论奠定了基础。

第五章考察康有为大同思想的思想来源和思想特征。康有为的气一元论思想和同为今文家的龚自珍相似，康氏气一元论下的重人情、重实践和历史演化思想都得以充分论述发展。因此康有为强调人性的历史性，主张人性可由实践改造。所以他的大同理想有类似于历史唯物主义的倾向，一方面主张不同的社会阶段需要不同的政治秩序，大同社会被置于未来；另一方面他的大同社会是一个人性充分解放、人得以全面发展的社会。

第六章考察刘师培无政府主义的思想来源和思想特质。刘师培通过以焦循为代表的扬州学派，继承了戴震的气一元论的基本架构。刘师培的无政府主义理想以戴震式气一元论的自然人性论为基础。自然人性论虽然强调人情感欲望的重要性，但其人性观是超历史的、缺少实践维度的。人对于人性只能认识而难以改造。正因为戴震式气一元论过于强调认识，所以刘师培的实践观转向了强调“知行合一”的心学实践观，因此走上了过于乐观的唯意志论。正是因为戴震式自然人性观缺少历史维度，所以刘师培的无政府主义是以当下为实现场所的。也因为自然人性观缺少改造人性的实践思想，所以刘师培强调分配意义上的平等胜过自由。这些因素使得刘师培的无政府主义成为一个没有历史维度的绝对平等的社会形态。

第一章

社会主义思潮的哲学存在论思想基础
——西方的视角

"实践的唯物主义者即共产主义者。"①

——马克思、恩格斯《德意志意识形态》

一 唯物主义和社会主义的密切关联：马克思的经典论断

在西方近代的社会主义政治思潮的发展过程中，值得注意的是它与唯物主义哲学一直有着密切的关联。而在思想史上，第一次对这两者的有机联系进行阐述的是马克思。马克思在其与恩格斯合著的《神圣家族》一书中，认为近代英法的空想社会主义思想，是法国唯物主义的必然结果。马克思认为，唯物主义之所以能够成为诞育社会主义的土壤，其原因有以下两点：1. 唯物主义强调人类利益的合理性，强调人类道德是由人类利益的必然要求而产生的。因此，有必要使得个别人的私人利益符合于全人类的利益；2. 近代法国唯物主义强调人性是受社会环境因素决定的，所以人如果要实现自由，不能如同自由主义般仅仅强调个人的力量。只能通过整个社会的力量才能使人实现自由，所以需要通过对社会

① 马克思、恩格斯：《德意志意识形态（节选本）》，人民出版社2018年版，第19页。

和环境进行改造，以使之帮助人类实现真正的自由①。

唯物主义本身是一个哲学存在论概念，它主张物质是世界的根源(这里的物质包含了人的生理和社会存在)，并认为人的精神和意识是物质之间作用的产物。马克思强调唯物主义和社会主义之间的关联，是着眼于唯物主义的社会—政治影响。通过分析西欧近代唯物主义思想的特征，我们发现无论是霍布斯式的机械唯物主义，还是洛克、爱尔维修式的经验论的唯物主义，在社会政治方面，他们都存在着共同点，那就是他们都从人生理的或社会的事实推导出社会规范。马克思正是从这一点敏锐地察觉到了唯物主义为社会主义提供了土壤。

马克思的这一洞见，深刻阐明了近代社会主义的哲学土壤，但是笔者认为，马克思的解释足以阐明社会主义的必要哲学前提，然而对于社会主义是否是唯物主义哲学的必然结果，尚未能解释透彻。因为不难发现，不止社会主义，近代自由主义政治思想的滥觞，也与唯物主义有着密切的关系。譬如霍布斯作为近代自由主义政治哲学的奠基人，同样也是英国唯物主义哲学的重要代表。他的政治哲学代表作《利维坦》，即是从人类生理本性出发，推演出其契约论和国家理论。麦克弗森（C. B. Macpherson）认为：“西方从柏拉图以来的政治学说中，人的能力和需求被视为自然目的或上帝的意志的结果，进而被异化为施加在人身上的外部力量，而义务和权利是由这种外部力量所产生的。”② 自柏拉图滥觞的理念论唯心主义哲学一直深刻影响着西方政治思潮。在霍布斯之前，鲜有从人的自然情感出发论证政治秩序的政治学说。而霍布斯是西方政治思想史上第一位从人类存在的事实推导政治权利和义务的思想家，他没有用任何理念或宗教幻想来取代人性，而直接从事实去推导其权利。而正是因为霍布斯哲学的唯物主义特征，使其从人的基本欲望论证道德与政治。而显然，霍布斯的唯物主义并没有使其成为社会主义思潮的源头，反而他的契约论论证架构为后来的自由主义所采纳。

---

① 马克思、恩格斯：《神圣家族，或对批判的批判所做的批判》，载《马克思恩格斯文集(第1卷)》，人民出版社2009年版，第334—335页。

② C. B. Macpherson, *The Political Theory of Possessive Individualism*: *Hobbes to Locke*, Oxford: Oxford University Press, 1962, pp. 76 – 77.

同样地，英国自由主义政治哲学的代表洛克也是唯物主义哲学史上的关键思想家。洛克认为感性经验是知识的唯一来源。马克思认为，洛克的唯物主义是法国唯物主义的重要源头。洛克的“白板论”是法国唯物主义强调教育和外部环境对人的决定作用的思想来源。法国唯物主义的代表爱尔维修将洛克的唯物主义应用到了解释社会生活中去。爱尔维修之所以将感性的印象、自私享乐的欲望和利益理解为社会道德的根柢，是受洛克的直接影响①。然而作为唯物主义哲学家的代表，洛克的政治思想却与社会主义相去甚远，反而是自由主义政治哲学的典范。

功利主义思想家边沁相较于洛克和霍布斯而言，更是明白地将利益理解为政治理论的前提，把效用最大化作为分析政治和法律的原则。因此可以说他彻底地将唯物主义应用到政治中去。他的功利主义思想深深地影响了英国空想社会主义思想家欧文。欧文认为“能够在实际上为最大多数的治人者和治于人者创造最大的幸福的政治，便是最好的政治”②。这一原则是边沁功利思想的直接引申。然而边沁的政治思想却仍然是属于自由主义，和欧文的社会主义倾向有云泥之别。

综上，笔者认为，就西方而言，这种主张人的自然情感欲望天然合理的唯物主义哲学，并不仅仅是社会主义思潮诞生的土壤，同时也是自由主义政治思想诞生的源头。③ 因此，笔者认为，在马克思的经典论断的基础上，尚有必要进一步厘清，究竟是何种唯物主义会导向社会主义政治思想，而何种唯物主义又会导向自由主义思想？这需要仔细分辨近代自由主义和社会主义中的唯物主义元素的不同。

---

① 马克思、恩格斯：《神圣家族，或对批判的批判所做的批判》，载《马克思恩格斯文集（第1卷）》，人民出版社2009年版，第333页。

② ［英］罗伯特·欧文：《新社会观，或论人类性格的形成》，载［英］罗伯特·欧文：《欧文选集（第一卷）》柯象峰译，商务印书馆2009年版，第69页。

③ 自由主义的思想来源和基础本身复杂，经验唯物论并不是自由主义思想唯一来源。本书所论述的经验论唯物主义和自由主义（尤其是英国自由主义）有密切关系，但毋庸置疑，在欧洲大陆，自由主义和唯心主义更为密切（如康德、黑格尔等），但这与本书的分析无关。本书所探讨的更多是英国经验唯物论传统所诞育的自由主义，并将其与社会主义的思想来源相比较，分析其存在论根基的异同，以探讨何种唯物主义为社会主义提供土壤。

二 唯物主义与政治自由主义

霍布斯的唯物主义是一种机械论的唯物主义，他认为无论是世界还是人，都是受到某些特定的推动力后不断运动的机器。霍布斯认为，运动是在外力刺激下惯性作用的结果。因此，要认识运动，首先要认识外力的性质，其次需要认识有类于机械的事物内部之间的相互关系。霍布斯把人也视为机械，认为“一切所谓可感知的性质都存在于造成他们的对象之中，它们不过是对象借以对我们的感官施加不同压力的许多种各自不同的物质运动”[①]。他把心脏比作发条，将神经比作游丝，将关节比作齿轮[②]。因此，霍布斯把人的情感欲望和行为都理解为机械运动的环节。因为机械运动是一种程式化的过程，它因循着既有的、不变的规则运行。而在这种机械运动下，人丧失了主宰这个运动过程的主观能动性。这个运动的起因、发展和结果，都是在运动规律之下既定的、必然的，因此人作为主体无法主宰自己的这种情感行为。马克思认为，霍布斯的机械唯物主义使得“感性失去了它的鲜明色彩而变成了几何学家的抽象的感性……几何学被宣布为主要的科学。唯物主义变得敌视人了”[③]，正是指出了在机械式的客观规律之下，这种唯物主义使得人丧失了所有的主动性和感性，变成了冷冰冰的机器。正是在机械唯物主义之下，由于运动规律如同几何学和物理学的定理般不可改变，所以人的情感、欲望也是如定律般不可改变，更不会产生古今的差异。所以，在霍布斯的政治哲学中，是没有历史哲学的。在霍布斯看来，他的政治学说无论在什么历史时代都可以适用。正因为运动规律不可改变，所以无论是个人还是社会都不可能改造人情欲望。而当不同人的欲望发生冲突之时，不能通过改造人情欲望，也不能通过改造社会结构的方式来解决冲突。只有通过强制的权力和作为垄断暴力机构的国家，对人与人之间的欲望矛盾

① ［英］霍布斯：《利维坦》，黎思复、黎延弼译，商务印书馆2017年版，第5页。

② ［英］霍布斯：《利维坦》，黎思复、黎延弼译，商务印书馆2017年版，第1页。

③ 马克思、恩格斯：《神圣家族，或对批判的批判所做的批判》，载《马克思恩格斯文集（第1卷）》，人民出版社2009年版，第331页。

可能带来的冲突进行管控，才能防止社会的失序。这正是霍布斯政治哲学中利维坦国家的必要性的理论前提，也是后来自由主义政治思想将国家视为“必要的恶”的原因。正是由于社会出现不可调和的矛盾，而自由主义者又认为人性是超历史的，是难以通过实践改变的，所以才会依仗权力这一必要的恶来管控可能失序的秩序。

洛克并非霍布斯式的机械唯物主义者，他开创了经验论唯物主义的哲学。但是洛克的政治哲学同霍布斯有着相近的论证模式，那就是都通过自然状态来讨论政治的合法性。霍布斯的自然状态是一种人与人之间的战争状态。而洛克的自然状态则被描述得相对和平，他认为“那是一种完备无缺的自然状态，他们在自然法的范围内，按照他们认为合适的办法，决定他们的行动，处理他们的财产和人身……这也是一种平等的状态，一切权力和管辖权都是相互的，没有一个人享有多于别人的权力”①。虽然洛克描述的自然状态和霍布斯有所不同，但是其相似点有二：其一，两位政治哲学家笔下的自然状态都是静态的，也即超历史的；其二，洛克和霍布斯都认为，自然状态下放任发展会存在不可调和的冲突，进而需要走出自然状态进入政治状态，需要国家的强制权力调解冲突。静态的自然状态观念意味着他们相信人的情性欲望是不随历史改变而改变的。在卢梭之前，自然状态学说都是一种静态的状态，这种假定本身就意味着这些思想家们认为人性是超历史的不变地存在的。然而事实上，霍布斯、洛克等思想家政治理论的自然状态实际上并不是人类自古以来的状态。霍布斯自然状态理论中人的偏私、自傲、复仇等特征，洛克自然状态理论中对劳动财产权的论述，都是他们所在的十七、十八世纪西方市民社会中的典型人格特征。正如卢梭一针见血地指出，霍布斯和洛克等思想家的自然状态“其实是把从社会里得来的一些观念，搬到自然状态上去了；他们论述的是野蛮人，而描绘的却是文明人”②。马克思也认为，这种自然状态学说将历史的结果和历史的起点倒置，其实是“对于16世纪以来就作了准备、而在18世纪大踏步走向成熟的市民社会的预

① ［英］洛克：《政府论（下篇）》，叶启芳、瞿菊农译，商务印书馆1964年版，第3页。

② ［法］卢梭：《论人类不平等的起源和基础》，李常山译，商务印书馆1997年版，第71页。

感”①。“自然状态”表面上描述的是原初状态的人，实则表现的是脱离了政治和法律的“社会人”。而麦克弗森进一步揭示了霍布斯笔下的自然状态反映了何种社会类型及其时代背景依托。他在对霍布斯的自然状态学说进行研究时发现，霍布斯的自然状态中人与人之间平等的学说中，隐设着每个个体都依附于市场关系这一层面的平等。而“在这个市场中，人所拥有的一切东西，包括人的精力，都变成了商品……所有人都必须不断地提供商品（在这个词最宽泛的意义上）给这个市场，并与其他人竞争”②。这意味着霍布斯的自然状态背后反映的是一种把人的作用视为可交换的商品进行流通的社会状态。由于把这种社会状态视为人类自然的状态，实际上就默认了对这种社会状态背后结构的合理。因此自然状态学说是十七、十八世纪市民社会的投射。该学说的逻辑是在自然状态下，由于不同人之间欲望的冲突，或多或少存在某些不可调和的矛盾，所以需要强制权力的补救。它的政治学说是一种对社会的消极的补救，而非对人性欲望和社会结构的积极的改造。自然状态理论导致的就是对自然状态社会的基本结构的承认。自然状态学说作为一种静态的描述，本身意味着认为包含人情欲望的人性是不变的，而认为人性不变就意味着对现存秩序的承认，就意味着不用积极实践的作用改造社会，而用消极补救的方式来补救。

边沁作为功利主义的自由主义代表，他的功利主义哲学背后的支撑即是唯物主义。然而，作为自由主义的代表，边沁捐弃了自然状态理论。他认为自然状态与政治状态之间的区分是一种单纯的想象：“如果我们略加思索，我们就会发现，在这两种状态之间，这些名称和定义没有人们所期望的一眼便知的鲜明的区别点。”③他因此放弃了自然状态和社会契约理论，而强调功利原则是“解决任何实践问题的唯一和完全充分的理由”④。然而，在边沁的功利主义学说中，“功利”仍然是一种超历史的

---

① 马克思:《政治经济学批判导言》，载《马克思恩格斯全集（第30卷）》，人民出版社1995年版，第22页。

② Macpherson, C. B., *The Political Theory of Possessive Individualism: Hobbes to Locke*, Oxford: Oxford University Press, 1962, pp. 76 – 77.

③ ［英］边沁:《政府片论》，沈叔平译，商务印书馆1997年版，第132页。

④ ［英］边沁:《政府片论》，沈叔平译，商务印书馆1997年版，第157页。

存在。他将所有人追求幸福与避免不幸的倾向和方式都看作是大致相同的。功利主义学说中，隐含着的前提是一个人的“效用总和”是固定的，而政治的功用是怎样把这些固定的效用加总最大，正如马克思所指出的“古典经济学从来就喜欢把社会资本看成是一个有固定作用程度的固定量。不过这种偏见只是在庸人的鼻祖耶利米·边沁手里……才确立为教条”①，功利主义学说实质上“把现代的市侩，特别是英国的市侩说成是标准的人”②。边沁也并不试图去探索在实践上改变人的幸福的方式，他的功利主义政治思想主要聚焦在改进法律上，尤其是批判当时英国的民法和刑法传统。他认为当时的法律系统阻碍了人对幸福的追求。然而，法律改革对于人的幸福而言，只能是一种消极的调适。法律改革并不能够带来社会结构和人性的变革，它只是在既有的社会结构的基础之上，利用惩罚和奖赏的方式在社会个体的“效用分配”上起作用。边沁之所以重视立法改革，背后的逻辑也是他对于既有社会结构的默认，他只是在既有社会结构上用调适分配的方式实现社会效用最大化。著名的空想社会主义思想家罗伯特·欧文继承了边沁的功利主义思想，但他却走向了社会主义而非功利主义，其背后一个重要原因即是：相对于立法，欧文更重视教育。教育是一种改变人性的实践，而立法只是在既有人性上的调适。因此，边沁的功利主义之所以走向自由主义倾向，背后的逻辑仍然是他把人情欲望视为超历史的普遍存在，而且不强调以实践方式对其改变。

综上所述，无论是通过自然状态方式论述政治合法性的自由主义，还是功利主义式的自由主义，背后都有唯物主义哲学作支撑。但是自由主义者的唯物主义观念，往往没有历史和实践的维度，而这意味着他们的唯物主义是对市民社会现实的合法性的承认。

---

① 马克思：《资本论（第1卷）》，载《马克思恩格斯文集（第5卷）》，人民出版社2009年版，第704页。

② 马克思：《资本论（第1卷）》，载《马克思恩格斯文集（第5卷）》，人民出版社2009年版，第704页。

三　历史与实践维度：何种唯物主义是社会主义的基础？

正如前文所指出的，欧洲近代的社会主义思潮的滥觞和唯物主义有着密切的关联，笔者认为需要厘清的是，与自由主义者相比，社会主义者背后赖以支撑的唯物主义观念有什么独特之处。笔者试举近代空想社会主义的两位代表傅立叶和欧文为例进行分析。

傅立叶是一位高张情欲旗帜，认为情欲在人类社会事务中占有决定性作用的思想家，他将情欲比作自然物理领域内牛顿所发现的引力，视其为支配整个人类和社会的规律。他指出“人类的情欲虽然一再为哲学家们所贬低和鄙视，可是它在宇宙运动方面却发挥了仅次于上帝所发挥的作用。情欲是仅次于上帝的最可宝贵的东西”[①]。而人类的幸福就在于满足其情欲，社会的矛盾、冲突、灾祸的根本原因在于阻碍人的情欲。他进一步把人的情欲分为三大类，共十二种，包括五种感官情欲、四种爱恋情欲和三种分配性情欲（谢利叶情欲）[②]。因此，傅立叶是一位彻底的唯物主义者。从这一点来说，傅立叶和霍布斯有相似之处。

但傅立叶的独特之处在于，他对人类情欲的分析都是置于历史之中的，在不同的历史阶段中，占统治地位的情欲有所不同。他认为人类存在的时期大概分成八万年，将整个人类文明的存续分成了四个大阶段和三十二个小时期，四个大阶段是童年期、成长期、衰退期和没落期。受卢梭的自然状态学说影响，傅立叶认为，在人类的最早期具有混沌的谢利叶制度，但因为农业的幼稚状态和婚姻制的形成，原始谢利叶制度瓦解。在其他情欲的作用下，人类逐步走过了原始制度、蒙昧制度、宗法制度、野蛮制度和文明制度五个时期，因此，在傅立叶看来，人类对不同情欲的不断追求导致了人类历史的不断发展。

因此，傅立叶和霍布斯等唯物主义者的不同之处在于，他的唯物主

---

① ［法］傅立叶：《关于普遍命运的几个方面的说明》，载［法］傅立叶：《傅立叶选集（第1卷）》，赵俊欣、吴模信、徐知勉、汪文漪译，商务印书馆1979年版，第29页。

② ［法］傅立叶：《关于普遍命运的几个方面的说明》，载［法］傅立叶：《傅立叶选集（第1卷）》，赵俊欣、吴模信、徐知勉、汪文漪译，商务印书馆1979年版，第29页。

义是具有历史维度的，而在霍布斯等思想家看来，人如同机器，其情欲对人和社会作用的机制都是固定的，没有时代的差异。所以在霍布斯的政治哲学中没有历史的地位。而在傅立叶的理论中，人的情欲在不同的历史时期有着不同表现，虽然傅立叶的历史理论带有神秘主义的幼稚倾向，但他已经揭示了历史的改变是由人的情欲需求所推动的。因此，当下社会中人的情欲状态也就不是固定不变的，也会有其固有的矛盾和前进方向。所以，社会问题的解决方式便不再是对人固有情欲的约束管控，而是向更合理的情欲类型组合发展。这是傅立叶带有历史维度的唯物主义理论的必然结果。正是基于此，恩格斯称赞傅立叶，认为“傅立叶最了不起的地方表现在他对社会历史的看法上”①。

因此，傅立叶认为“止步不前分子和倒退主义者一样，都是滑稽可笑的派别，社会运动反对停滞，力求进步”②。所以他主张“我们的使命是前进，每个社会时期都必须向更高的时期前进”③。在当下社会中对人的情欲潜能的探究，使得傅立叶的思想具有实践维度。在对于当下文明社会的评价倾向上，傅立叶批判自由主义者和蒙昧主义者，对于蒙昧主义者，他认为这是试图倒退回公元十世纪的倒车，而自由主义者的问题在于，他们认为在文明社会下，人类固有的情欲状态不变的情况下，社会能够达到完善的境界④。也就是说自由主义者看不到人类情欲得以改变完善的可能性，只能在当下社会状态中进行修补。

傅立叶的历史哲学已经揭橥人类情欲随着历史阶段变化的观点，因此文明社会的情欲状况也必然有可能随着社会的演进而改变。正如赫茨勒指出的，“傅立叶的基本原则在于，社会上的苦难和纷争出自约束和阻碍人类固有的情欲、冲动和本能”⑤。因此傅立叶以解放人的情欲进而达

---

① 恩格斯：《社会主义从空想到科学的发展》，人民出版社2014年版，第45页。

② ［法］傅立叶：《文明制度的剖析》，载［法］傅立叶：《傅立叶选集（第2卷）》，赵俊欣、吴模信、徐知勉、汪文漪译，商务印书馆1979年版，第281页。

③ ［法］傅立叶：《文明制度的剖析》，载［法］傅立叶：《傅立叶选集（第2卷）》，赵俊欣、吴模信、徐知勉、汪文漪译，商务印书馆1979年版，第281页。

④ ［法］傅立叶：《引力的结构与和谐》，载［法］傅立叶：《傅立叶选集（第2卷）》，赵俊欣、吴模信、徐知勉、汪文漪译，商务印书馆1979年版，第125页。

⑤ ［美］乔·奥·赫茨勒：《乌托邦思想史》，张兆麟、杨廉著、张豫婉、吴学文、何汗、南木译，商务印书馆1990年版，第194页。

到新的社会阶段为解决方案，与自由主义者管控人的情欲达到社会的稳定自然大不相同。傅立叶认为，文明社会中人类的感官情欲达到极大发展，但是没有实现人的分配性情欲（谢利叶情欲），而且工业进步导致的竞争使得工人不得不接受越发微薄的工资，从而导致极度的不平等。据此，傅立叶认为："文明制度的工业只能创造幸福的因素，而不能创造幸福"[①]。所以只有彻底改造社会，才能实现个人利益和集体利益的统一，实现文明制度所不具备的"谢利叶情欲"。而这个改造社会的方案就是傅立叶有名的"法朗吉"协作和谐制度。

综上所述，傅立叶的空想社会主义思想和他的唯物主义哲学密切联系，而傅立叶高张情欲旗帜的唯物主义之所以能够发展成社会主义而非自由主义，其关键点在于傅立叶的唯物主义具有的历史维度。他将情欲视为在历史中不断发展的人性，而历史的发展又由情欲本身的发展所推动。正基于此，傅立叶不会将其当下的工业文明社会视为僵化不变的社会，不会将工业社会下的人性视为亘古不移，无法改造的人性。也因此傅立叶得以解释文明社会所固有的矛盾，以及用实践改造社会的可能性。

英国空想社会主义思想的代表欧文也是以唯物主义作为他的思想根基的。不过，傅立叶的唯物主义思想来源于爱尔维修等的法国唯物主义传统。而欧文的唯物主义倾向则从英国哲学家边沁的功利主义演化而来。欧文和边沁曾在商业上进行过合作，因此，他借鉴了边沁的功利主义哲学。欧文认为："人生来就具有谋求幸福的欲望，这种欲望是他一切行为的基本原因。"[②] 而幸福，因此也是政治的唯一目标。他指出："政治的目的是使治人者和治于人者都幸福。因此，能够在实际上为最大多数的治人者和治于人者创造最大的幸福的政治，便是最好的政治。"[③] 这些观点都是边沁式的功利主义观点，甚至用词都极为相似。

但欧文的政治思想之所以走向与边沁自由主义大为不同的社会主义，

---

① ［法］傅立叶：《引力的结构与和谐》，载［法］傅立叶：《傅立叶选集（第 2 卷）》，赵俊欣、吴模信、徐知勉、汪文漪译，商务印书馆 1979 年版，第 124 页。

② ［英］罗伯特·欧文：《新社会观，或论人类性格的形成》，载［英］罗伯特·欧文：《欧文选集（第 1 卷）》，柯象峰译，商务印书馆 2009 年版，第 60 页。

③ ［英］罗伯特·欧文：《新社会观，或论人类性格的形成》，载［英］罗伯特·欧文：《欧文选集（第 1 卷）》，柯象峰译，商务印书馆 2009 年版，第 60 页。

和欧文对环境和教育的意义的极大重视有关。欧文在其《自传》中描述其脱离基督教，并进而摒弃一切宗教思想时，提到了他的思想转变。欧文认为，一切教派的教义背后都存在这样的前提，即“每一个人形成他自身的品质，决定他自己的思想、意志和行为，并且为自己的品质、思想、意志和行为向上帝负责”①，实际上，这种个人主义不仅是基督宗教（尤其是新教）的前提，而且也是自由主义政治思想的前提，这种强调自由意志的个人主义忽视了社会环境对人性养成的影响，便会带来默认社会环境的合理性的结果，因此便会忽视对社会环境的整体改造。

在抛弃宗教之后，欧文转而认为，人性是由环境决定的，而非由个人自己决定。他指出：“我无法造成我自己的无论哪一种品质，这些品质是‘大自然’强加于我的……我全然是‘大自然’和‘社会’的产儿。”② 欧文的理论彻底地摒弃了个人意志，而走向了“环境塑造人”的主张。他鲜明地指出“无论过去、现在和将来，一个人永远是他出生前后所存在的周围环境的产物”③。

环境决定论是欧文空想社会主义最鲜明的主张之一，但欧文并没有因为环境决定论就认定人是在消极地受环境影响。相反，欧文认为既然人是受环境所决定的，那么，如若要塑造合理的人性，必将从改造社会环境入手。欧文曾以人的犯罪行为为例，指出他和自由意志主义者的不同，他认为“预防犯罪远胜于惩罚罪行”④“因此，预防愚昧，从而预防犯罪的政治制度远胜于助长愚昧，因而必然制造罪行，然后又对二者都施加惩罚的政治制度。”⑤ 欧文批判旧制度，认为旧制度的原则是“承认

---

① ［英］罗伯特·欧文：《自传》，载［英］罗伯特·欧文《欧文选集（第3卷）》，焦加、吴忆萱、黄惟新、柯象峰译，商务印书馆1998年版，第61页。

② ［英］罗伯特·欧文：《自传》，载［英］罗伯特·欧文《欧文选集（第3卷）》，焦加、吴忆萱、黄惟新、柯象峰译，商务印书馆1998年版，第61页。

③ ［英］罗伯特·欧文：《人类思想和实际中的革命或将来从无理性到有理性的过渡》，载［英］罗伯特·欧文《欧文选集（第2卷）》，柯象峰、何光来、秦果显译，商务印书馆1981年版，第84页。

④ ［英］罗伯特·欧文：《新社会观，或论人类性格的形成》，载［英］罗伯特·欧文《欧文选集（第1卷）》，柯象峰译，商务印书馆2009年版，第69页。

⑤ ［英］罗伯特·欧文：《新社会观，或论人类性格的形成》，载［英］罗伯特·欧文《欧文选集（第1卷）》，柯象峰译，商务印书馆2009年版，第69页。

人对人负责的原则的基础上，借助奖励和惩罚的手段行事的”[①]，这意味着，自由主义者看来，理想人性的实现依靠个人自由意志，而自由主义政治思想的着力点在对个人自由意志的保障。而欧文的环境决定论则认为理想人性的实现有赖于环境，所以其政治思想的着力点在对环境的彻底改造，而这种改造是通过人的社会实践实现的。因此，欧文的环境决定论式的唯物主义的根本特点是极为重视实践。

正基于这种环境决定论和功利主义的唯物主义哲学基础，欧文认为，对于他当下社会中人性所呈现的弊病，要从社会结构、社会环境上寻找原因。循着这条道路，欧文发现私有制是人类弊病的根源。他认为私有制是贫困的根源，引发财产拥有者的骄傲心和虚荣心，并且使得人互相仇恨和疏远。他判断“私有财产过去和现在都是人们所犯的无数罪行和所遭的无数灾祸的根源”[②]。所以欧文认为，解决当下人性面临的问题，必须废除私有制。基于此，欧文构想了“新和谐公社”的废除私有制的新形态社会，并进行了协作公社的实践。

因此，可以发现，尽管欧文的理论建构于功利主义之上，但在功利主义的鼻祖边沁眼中，人性是超历史的存在，所以无需探讨对人性的改造，政治和法律制度只需在既有人性的基础上使得社会效用最大化。而欧文认为人性是环境决定的，环境是可以由实践而改变的，进而可以通过实践来改造人性。对环境和实践的不同看法，是边沁和欧文政治思想分野的根本原因所在。实践意味着对人性和环境的主动结构性改造。欧文的唯物主义倾向之所以导向了其空想社会主义的政治思想，其原因在于欧文的唯物主义带有浓厚的实践倾向。

通过对傅立叶和欧文两位空想社会主义的哲学根基的分析，笔者认为，虽然自由主义（尤其英国经验唯物论式的自由主义）和社会主义思想往往都以唯物主义为基础，他们都以人的情感和利益作为政治的根基。但是唯物主义有着分野，社会主义者的唯物主义带有历史维度和实践倾

---

① ［英］罗伯特·欧文:《新道德世界书》摘译，载［英］罗伯特·欧文《欧文选集（第2卷）》，柯象峰、何光来、秦果显译，商务印书馆1981年版，第14页。

② ［英］罗伯特·欧文:《新道德世界书》摘译，载［英］罗伯特·欧文《欧文选集（第2卷）》，柯象峰、何光来、秦果显译，商务印书馆1981年版，第11页。

向。历史维度意味着人性不是亘古不变的存在，因此人性必然是历史的人性，那么现代的工业文明和市民社会也便不是自然的、永恒存在的。实践倾向意味着通过主动对社会环境进行结构性改造，进而实现更完善的人性。而自由主义者的唯物主义缺乏历史和实践维度，自由主义思想虽也承认人的利益情感为政治的原则，但其将人性视为超历史的存在，否认通过改造社会环境来实现良善的政治的可能性，因此只能在不变的社会环境下对人性进行管控约束以防止其失范。

在社会主义的成熟形态——科学社会主义的奠基人马克思的学术体系那里，更体现了上述论断。马克思所开创的哲学革命是历史唯物主义。他在《德意志意识形态》中指出，“我们仅仅知道一门唯一的科学，即历史科学”①。马克思历史唯物主义中的历史，并不等同于变化，而是强调变化来自主体自身的活动，强调人类社会自己的命运是其自身活动的结果。人作为一种感性存在，他在实际生产中必然产生新的需要，人类的“历史”才得以出现，这导致了历史不断展开发展。正如马克思所说“已经得到满足的第一个需要本身、满足需要的活动和已经获得的为满足需要而用的工具又引起新的需要，而这种新的需要的产生是第一个历史活动”②。而这种自身活动就是实践。马克思的历史唯物主义较之旧唯物主义的革命性在于，旧唯物主义没有把感性存在“当作感性的人的活动”③来理解，而马克思把存在本身视为被主体所不断构建，也就是实践的结果。在社会生活中，社会本身也是实践的结果，他强调“全部社会生活本质上是实践的。凡是把理论引向神秘主义的神秘东西，都能在人的实践中得到合理的解决”④。

而科学社会主义与马克思的以实践为特征的历史唯物主义哲学，有着机制性的联系。由于人的社会存在是人实践的结果，是历史的产物。那么，通过实践改变当下的社会存在，进而实现“向社会的即合乎人性

---

① 马克思、恩格斯：《德意志意识形态（节选本）》，人民出版社 2018 年版，第 10 页。

② 马克思、恩格斯：《德意志意识形态（节选本）》，人民出版社 2018 年版，第 24 页。

③ 马克思：《关于费尔巴哈的提纲》，载《马克思恩格斯文集（第 1 卷）》，人民出版社 2009 年版，第 499 页。

④ 马克思：《关于费尔巴哈的提纲》，载《马克思恩格斯文集（第 1 卷）》，人民出版社 2009 年版，第 501 页。

的人的复归”[①]，便是完全可能的。这种实践便是对近代工业资本主义社会的基础——私有财产和异化劳动的积极扬弃。正是强调社会存在由实践产生，所以马克思才会认为“对实践的唯物主义者即共产主义者来说，全部问题都在于使现存世界革命化，实际地反对并改变现存的事物”[②]。马克思对于共产主义的性质界定为“消灭现存状况的现实的运动”[③]，也正是从实践对社会存在的改变出发的。

四 小结

综上所述，笔者认为，马克思在《神圣家族》中关于唯物主义与社会主义思想的起源之间的关系的思考是十分敏锐的，不过唯物主义的哲学本体论未必只和社会主义政治思想相关，近代政治自由主义也和唯物主义有着密切的关联。唯物主义内部存在着分野，同社会主义思潮存在密切关联性的唯物主义流派存在着独特之处。其中历史维度和实践维度至关重要。具有历史维度使唯物主义的眼光不再局限于当下的市民社会；而实践维度则有助于探讨人改造市民社会的能力，从而将社会存在改造为满足理想人性的。欧洲近代社会主义者的思想要素中，或多或少都与这两个要素有关联。

笔者认为，可以利用上文所探讨的社会主义的思想基础的要素，来检视中国的思想。本书着力于探讨以康有为、刘师培等晚清思想家走向社会主义思潮的原因。众所周知，上述思想家早年无不处于儒家思想传统中。自然，儒家政治哲学是一种伦理政治，本身和社会主义关系不大。但这并不意味着儒家思想中的所有要素都和社会主义没有亲和力。本书认为，在儒家思想中，有某些因素和社会主义有亲和力，同时某些因素和社会主义政治思想也存在张力。但儒家思想本身不是一成不变的，从先秦儒家到宋明理学再至明清气学、汉学中，儒学各种要素之间的关系一直在流变。而在明清的气一元论哲学的发展中，儒学这一流派以及康

① 马克思：《1844年经济学哲学手稿》，人民出版社2014年版，第78页。

② 马克思、恩格斯：《德意志意识形态（节选本）》，人民出版社2018年版，第19页。

③ 马克思、恩格斯：《德意志意识形态（节选本）》，人民出版社2018年版，第31页。

有为和刘师培之所以能够选择性地亲近社会主义思潮，进而发展出自己的社会主义理论，和其早年的儒学传统中存在着与社会主义亲近的因素有关。因此，下文将着力于探究儒学在流变过程中如何与社会主义产生亲和力的。首先便要从轴心文明的起始——先秦儒家开始。

第二章

轴心时代的思想资源

——先秦儒学的情本体论及其与社会主义的潜在亲和关系

"理也者，情之不爽失也；未有情不得而理得者也。"①

——戴震《孟子字义疏证》

本书考察的是儒学演变的脉络同晚清社会主义之间的关联。而儒家思想的根本特征，是从先秦这一"轴心时代"奠定的。所以在考察明确明清儒学演变的脉络之前，有必要先从根源上探究儒家思想基调同社会主义之间的关系。儒家思想，作为中国传统的主流思想，本身是诞生于农业社会的，它的政治主张和社会主义谈不上有什么关系。然而，儒家的本体论等基本理念、儒家政治观的根本精神等，对于儒学的近代转化有重要影响。上一章我们总结了社会主义思潮的本体论思想基础，所以本章就从上述角度探讨先秦儒家同社会主义的亲和关系。

一　道来自人情

儒家思想从诞生伊始，其突出特征便是对自然人情的重视。在孔子看来，无论是道德信条还是政治规范，都必须从自然人情出发。对于个人而言，自然的人情首先都是从家庭开始培育，因此孔子首重家庭伦理。

① （清）戴震：《孟子字义疏证》，何文光整理，中华书局 1982 年版，第 1 页。

如果道德规范与自然人情相抵牾，那么就是不合理的。这体现在孔子的亲亲相隐的主张，如：

> 叶公语孔子曰："吾党有直躬者，其父攘羊，而子证之。"孔子曰："吾党之直者异于是：父为子隐，子为父隐，直在其中矣"。①

正是因为儿子举报父亲的行为违背了父子的自然感情，所以孔子认为这是"不直"的体现。由此可见，所谓"直"正是人情的自然表现。因此，从外物出发而不是从内心情感出发的行为便不能称之为"直"，如孔子批判微生高：

> 子曰："孰谓微生高直，或乞醯焉，乞诸其邻而予之"②

正是因为微生高揣测别人的想法来决定自己的行为，而不是出自自己内心的愿望，所以受到孔子的批判。因为儒家反对从外界探寻准则，主张规范是由人内心自然而发，所以《大学》中格外强调"诚意"，强调这种功夫正是如喜欢美色般的人情之自然，即

> 所谓诚其意者：毋自欺也，如恶恶臭，如好好色，此之谓自谦，故君子必慎其独也！③

孔子所强调的"仁"也正是人之常情。孔子认为"唯仁者能好人，能恶人"④。正是因为仁者没有被外界和过度的欲望侵蚀掉自己的自然情感，所以才能真正做到好善而恶恶。孔子强调仁不在外而在内，他主张：

> 仁远乎哉？我欲仁，斯仁至矣。⑤

---

① 《论语・子路》。
② 《论语・公冶长》。
③ 《礼记・大学》。
④ 《论语・里仁》。
⑤ 《论语・述而》。

朱熹对这句话的解释很精当，即“仁者，心之德，非在外也。放而不求，故有以为远者；反而求之，则即此而在矣，夫岂远哉？”① 即仁完全出自人的内心情感，所以这种规范和人没有距离感。正如梁漱溟对“仁”的总结：“‘仁’就是本能、情感、直觉……我们都可以看出这‘仁’与不‘仁’的区别：一个是通身充满了真实情感，而理智少畅达的样子；一个是脸上嘴头露出了理智的慧巧伶俐，而情感不真实的样子。”② 孔子在人的诸多行为方式中，最为怒斥的是“乡愿”，正是因为乡愿的人并非从自己内心情感出发，而是为了别人的评价而做事，营造一个善的表象，因此对德性危害最甚，所谓“乡愿，德之贼也”③。

而在诸多西方道德哲学学说中，理性和人的自然性情之间的关系是被隔断的。在西方哲学中，从苏格拉底和柏拉图的理念论开始，便走上形而上学的方向，理念或理性是与人的感性相分离的。但在中国思想，尤其在儒家中，不存在感性世界和超感性世界的分离。中文中“形而上”一词来源于《周易·系辞上》中的“形而上者谓之道，形而下者谓之器”④，但这句话中的形而上同西方的形而上学有着根本的差别。因为在先秦儒家处，“道器不分，体用不二”，形而上与形而下并没有割裂。《中庸》中强调

> 天命之谓性，率性之谓道，修道之谓教。⑤
> 子曰：“道不远人。人之为道而远人，不可以为道。”⑥
> 致广大而尽精微，极高明而道中庸。⑦

朱熹对第二句话的解释是“道者，率性而已，固众人之所能知能行

① （宋）朱熹撰：《论语集注》，载（宋）朱熹撰《四书章句集注》，中华书局2011年版，第96页。

② 梁漱溟：《东西文化及其哲学》，上海人民出版社2007年版，第123页。

③ 《论语·阳货》。

④ 《周易·系辞上》。

⑤ 《礼记·中庸》。

⑥ 《礼记·中庸》。

⑦ 《礼记·中庸》。

者，故常不远于人。若为道者，厌其卑近以为不足为，而反务为高远难行之事，则非所以为道矣。”[①] 可见，在先秦儒家处，被称为“形而上”的道也是以自然的人性为依据。“中庸”这一儒家经典概念中的“庸”字古义通“用”，《说文解字》解释曰“用也。从用从庚。庚，更事也。”[②] 刘宝楠曾指出“明中庸之为德，皆人所可常用。”[③] 因此，中庸和人的日常生活密切相关。而在古希腊中，如柏拉图的理念论中，理念和现实社会生活有着隔膜，一如古希伯来犹太—基督一神教中天国与人世的隔膜一般，正如梁漱溟所总结的，这种宗教和哲学对现有世界是“超绝”的[④]。与之相比，在先秦儒家中，“道”从不脱离人的实际社会生活。“道”贯穿到人实际生活中的方方方面，即所谓：

> 百姓日用而不知，君子之道鲜矣。[⑤]
>
> 君子之道，造端乎夫妇；及其至也，察乎天地。[⑥]

儒家哲学中，被称为“形而上”的“道”产生于人的人伦日用之中。戴震对此的阐发很精到，他认为“人道，人伦日用身之所行皆是也。在天地，则气化流行，生生不息，是谓道；在人物，则凡生生所有事，亦如气化之不可已，是谓道”[⑦]。由此可见，在先秦儒家中，不存在形而上和形而下的分离，不存在超感性世界和感性世界的分离。“道”是从感性世界出发的。同西方形而上学比较，这是儒家思想最鲜明的特点，即从人的感性出发树立准则。梁漱溟曾精确地指出“他们径直以人生行为准则，交托给人们的感情要求，真大胆之极！我说它‘完全信赖人类自己’，就在此。这在古代，除了中国，除了儒家，没有谁敢公然这样主

① （宋）朱熹撰：《中庸章句》，载（宋）朱熹撰《四书章句集注》，中华书局2011年版，第25页。

② （汉）许慎撰：《说文解字》，（宋）徐铉校定，中华书局1963年版，第70页。

③ （清）刘宝楠撰：《论语正义》，高流水点校，中华书局1990年版，第248页。

④ 梁漱溟：《东西文化及其哲学》，上海人民出版社2007年版，第92页。

⑤ 《易·系辞上传》。

⑥ 《礼记·中庸》。

⑦ （清）戴震：《孟子字义疏证》，何文光整理，中华书局2008年版，第43页。

张”[①]。在先秦这一中华文明的轴心时代中，不单单是儒家思想有这样的倾向，道家也有类似的观点，譬如《庄子》中的一段对话：

> 东郭子问于庄子曰：“所谓道，恶乎在？”庄子曰：“无所不在。”东郭子曰：“期而后可。”庄子曰：“在蝼蚁”曰：“何其下邪？”曰：“在稊稗。”曰：“何其愈下邪？”曰：“在瓦甓。”曰：“何其愈甚邪？”曰：“在屎溺。”东郭子不应。[②]

其中，“道在屎溺”这样的极端论述，背后反映的是包括道家和儒家思想在内的中国思想中，具有“形而上”特征的道是和人伦日用密切相关的，而非高悬于社会生活之上的。

二 存在在变易中：道知时、知变

正是因为儒家的规范从日常人情出发，而人情是随着情境和时空环境的变化而不断变化的。因此先秦儒家不主张僵化的教条。《论语》中强调过：

> 子曰：“君子之于天下也，无适也，无莫也，义与之比。”[③]

所谓“适”就是教条，“莫”就是绝对禁止之义。这体现了孔子思想中没有固定的教条。因为人情本身会变，包括“礼”在内的规范和行为准则应该因时、因地、因人而变。这体现在儒家的最高境界——中庸中，孔子认为：

> 子曰：“中庸之为德，其至矣乎！民鲜久矣。”[④]

---

① 梁漱溟：《中国文化要义》，上海人民出版社 2011 年版，第 105 页。
② 《庄子・知北游》。
③ 《论语・里仁》。
④ 《论语・雍也》。

"中庸"中的"中"就是一种无过无不及的恰到好处的状态，如同穿衣服，使得体感不冷不热正好。朱熹认为"中者，无过无不及之名也"①。不过它的关键在于"时中"，就是"中"要根据具体情势而变化。孔子被称赞为"圣之时者"②。刘宝楠认为"所谓'时'，即时中也。时中则能和，和乃为人所可常行"③。所以中道就是在具体情境下的恰到好处。这意味着随着历史情境的变化，具体的规范也要变化。如同随着天气寒暑变化，人也要随之增减衣服一般。做到"中道"的关键在于"知时"，即依据具体情势而变化，不能"执一"。

因此"中庸"的境界的前提即是知时和权变。而权变的根据是具体的情势和人情。中庸不能"为中而中""知和而和"。孟子曾指出"子莫执中，执中为近之。执中无权，犹执一也"④。可见因时权变是关键。焦循在注释时指出"执显然共见之重轻，实不知有时权之而重者于是乎轻，轻者于是乎重"⑤。古希腊哲学中柏拉图和亚里士多德也曾强调过"中道"。但正如洪涛教授指出的"柏拉图之中道关乎技艺，技艺属于某一种非感性、去情感之理论知识……亚里士多德《尼各马可伦理学》深知在人之现实生活中，德行之本质在于适度，然而由于他只是抽象地（知识地）讨论这一问题"⑥。因为柏拉图的理念论是和人的感性相脱离的，所以柏拉图和亚里士多德的中道观和人情无涉，是一种知识论的中道。而儒家的中道因为建构在人情之上，所以会强调因时因地的权变。由此可见，在先秦儒家那里，其存在论是建立在变易之上的。不但儒家，道家哲学的存在也是变易。正如《老子》所言：

> 天下皆知美之为美，斯恶矣；皆知善之为善，斯不善矣。故有无相生，难易相成，长短相形，高下相盈，音声相和，前后相随，

---

① （宋）朱熹撰：《论语集注》，载（宋）朱熹撰《四书章句集注》，中华书局2011年版，第88页。

② 《孟子·万章下》。

③ （清）刘宝楠撰：《论语正义》，高流水点校，中华书局1990年版，第248页。

④ 《孟子·尽心上》。

⑤ （清）焦循撰：《孟子正义》，沈文倬点校，中华书局2016年版，第761页。

⑥ 洪涛：《〈论语〉之政治学——"为政以德"章释义》，载洪涛《本原与事变：政治哲学十篇》，上海人民出版社2009年版，第68页。

恒也。[①]

这更加印证了包括道家和儒家等先秦哲学都在形而上学之外。而正因理论基于人情，人情随时变易，规范也因之调整。孔子的因时变易思想提供了一种“道义在于历史之中”的历史演化理论产生的可能性。当然，先秦的儒家并没有发展出成熟的历史哲学，不过其思想要素中已经为此奠定了基础，后来清代章学诚的“六经皆史”说中的历史演化思想，正是由儒家这种思想要素奠定的。

三 以人情为根基的政治哲学观

（一）政治基于人情

先秦儒家的伦理全从人的自然感情出发，而由此引申。儒家的政治哲学也是基于人情出发的。孟子强调的“仁政”以仁为基础，而仁正是建立在人的自然情感之上，他这样阐发：

人皆有不忍人之心。先王有不忍人之心，斯有不忍人之政矣。以不忍人之心，行不忍人之政，治天下可运之掌上。[②]

而由于儒家看来，人的自然情感首先是在家庭起始的，所以家庭伦理次序在先，而国家政治伦理也建立在自然情感之上，自然也建构在家庭伦理之上。正如有若所说的“孝弟也者，其为仁之本与？”[③] 儒家“家国同构”的逻辑正在于此。正如孔子所说的：

《书》云“孝乎惟孝，友于兄弟，施于有政”，是亦为政，奚其为为政？[④]

---

① 《老子·第二章》。
② 《孟子·公孙丑上》。
③ 《论语·学而》。
④ 《论语·为政》。

孟子也有类似的主张：

> 老吾老，以及人之老；幼吾幼，以及人之幼：天下可运于掌。《诗》云："刑于寡妻，至于兄弟，以御于家邦。"言举斯心加诸彼而已。①

由此可见，儒家的政治哲学是基于自然人情基础上的伦理政治。《大学》中说得最为明白："欲治其国者，先齐其家；欲齐其家者，先修其身。"② 正是由于政治基于人情，所以孔子反对后来法家的那种将刑罚、法律作为政治手段的思想，他认为：

> 道之以政，齐之以刑，民免而无耻；道之以德，齐之以礼，有耻且格。③

正是因为法制禁令是外在于人的自然情感的，它仅仅是从外界对人情的束缚。所以无论是法制还是法治都不合于儒家政治哲学中从人情出发，进而培育人情的要求。而礼治则不同，礼本身从人情出发，其目的也是培育和规范人情。所以礼治同以人情为出发点和归宿的政治思想相适应。孔子强调德政，《论语》中主张：

> 为政以德，譬如北辰，居其所而众星共之。④

然而儒家的德政并不是简单意义上的道德政治观，正如洪涛教授所指出的，德有"直"之义，即人性人心之自然⑤，因此是人情的政治。

儒家的基于人情的政治哲学也因此与西方政治思想有着根本的差异。

---

① 《孟子·梁惠王上》。

② 《礼记·大学》。

③ 《论语·为政》。

④ 《论语·为政》。

⑤ 洪涛：《〈论语〉之政治学——"为政以德"章释义》，载洪涛《本原与事变：政治哲学十篇》，上海人民出版社 2009 年版，第 78 页。

前文提到，麦克弗森曾指出在霍布斯之前，西方政治哲学是很少从人的自然情感来论证政治秩序的合理性的。霍布斯第一次从事实推导政治权利和政治义务。而施特劳斯（Leo Strauss）也认为，从霍布斯和洛克开始，自我才成为道德和政治的源泉①。正如洪涛所指出的："希腊哲学家向外走，以为自然在彼；儒家之哲人不外骛，只是在当下生活中寻觅自然。"②

（二）国家不占儒家政治哲学的核心地位

这种区别还反映在二者国家观的不同。国家在西方政治哲学中往往占据核心位置，在西方政治哲学的滥觞之时，古希腊哲人柏拉图和亚里士多德都认为，在城邦中，人的完善性才得以实现。亚里士多德主张："这个完全自足的城邦正该是至善的政治团体……人类自然是趋向于城邦生活的动物。"③ 这意味着，城邦（国家）之外的团体只关注的是部分、零散的善，而城邦关注的是整体、广泛的善，因此城邦有着至高的性质。而在近代黑格尔的国家观中，只有在国家处，道德和法律才得到统一，道德和利益也变得合一，因此在国家那里最高伦理得以实现，黑格尔甚至说"神自身在地上的行进，这就是国家"④。

然而在儒家政治哲学中的国家观与此不同。由于儒家的政治思想是从人的自然情感展开，所以儒家的政治主要是一种人伦基础上的伦理政治观，因此国家在儒家政治思想中不占据中心地位。梁漱溟将这种政治观称为"伦理本位"，并认为其与西方的"大团体生活"有着根本不同。古代中国社会"以道德代宗教，以礼俗代法律"⑤，而社会秩序是建构在礼俗而非法律的基础之上，社会是"无数家族借伦理连锁以成之社会"⑥。

---

① Strauss, Leo., *Natural Right and History*, Chicago: The University of Chicago Press, 1953, pp. 165-252.

② 洪涛:《〈论语〉之政治学——"为政以德"章释义》，载洪涛《本原与事变：政治哲学十篇》，上海人民出版社 2009 年版，第 85 页。

③ ［古希腊］亚里士多德:《政治学》，吴寿彭译，商务印书馆 1965 年版，第 7 页。

④ ［德］黑格尔:《法哲学原理：或自然法和国家学纲要》，张企泰、范扬译，商务印书馆 1997 年版，第 259 页。

⑤ 梁漱溟:《中国文化要义》，上海人民出版社 2011 年版，第 189 页。

⑥ 梁漱溟:《中国文化要义》，上海人民出版社 2011 年版，第 232 页。

因此，在儒家政治思想中，以伦理为基础，以家族为单元抟成的社会是最为重要的，国家不但不是“最高伦理”的实现，甚至不是必需的。梁启超对此有过精辟的总结，他指出：

> 中国人自有文化以来，始终未尝认国家为人类最高团体……谓中国人不好组织国家也可，谓其不能组织国家也亦可。无论为好或不能，要之国家主义与吾人不夙习，则甚章章也。此种“反国家主义”或“超国家主义”的政治论既深入人心。①

因此，在儒家的政治思想和政治实践中，以伦理组织的社会相比国家更为重要。这一点在孔子和弟子们对谈理想时也可看到，孔子最为赞赏的不是子路、冉有和公西华的国家治理理想，程颐认为“（子路等）三子皆欲得国而治之，故夫子不取”②。孔子真正赞赏的是曾皙对其理想境界的描述：

> 莫春者，春服既成。冠者五六人，童子六七人，浴乎沂，风乎舞雩，咏而归。③

这种境界的描述不涉及邦国，国家已经淡出，是一种在礼乐熏陶下社会各随其性、各得其所的状态，这是儒家“王天下”理想的真正归宿，而其归宿点在于社会。

梁漱溟认为“我们一贯精神是向着‘社会’走，不是向着‘国家’走”④。而在社会主义思想中，国家也被看作要被超越的对象，社会最终将要取代国家。这一点，儒家政治思想和社会主义有接近之处。当然，从另一个角度来说，儒家政治思想注重家庭、家族的角色，而在社会主义处，家庭多被视为将要被取消的对象，这又是二者所矛盾之处。不过

---

① 梁启超：《先秦政治思想史》，中国人民大学出版社2012年版，第4页。

② （宋）朱熹撰：《论语集注》，载（宋）朱熹撰《四书章句集注》，中华书局2011年版，第124页。

③ 《论语·先进》。

④ 梁漱溟：《中国文化要义》，上海人民出版社2011年版，第205页。

笔者认为，从根本上说，儒家政治观立足点在人情，人情在历史中变化，政治形式也随之变迁。儒家思想并不存在政治教条。在晚清的谭嗣同、康有为、刘师培等思想家看来，那个时代的家庭和人的自然情感产生了激烈的冲突。从《红楼梦》等文学作品中，我们也可以发现清代家族伦理和自然人情之间的冲突。之所以康有为、谭嗣同、刘师培都发展出了激烈的“去家”思想，其原因是晚清的家族和人情之间的张力。而无论是康有为的大同思想、谭嗣同的仁学还是刘师培的无政府主义，都仍是基于人情的政治观念，这体现了他们的政治观念深受儒家政治哲学的影响。这还体现在他们的国家观上，康有为、谭嗣同、刘师培、章太炎都在某种层面上赞成取消国家，认为国家不应该在理想的政治秩序中占据位置，譬如章太炎主张国家“无自性”。即使梁启超、章太炎在某个时期倡导过国家主义的思想，其立足点是国家是抵御西方侵略的必要手段，亦非将国家视为理想政治的立足点。以上种种都体现了晚清思想家的政治学说，即使对西方思想进行借鉴，也是选择性地吸收，背后深受儒家政治哲学观念的影响。总之，儒家政治思想是以人情为根基的，其理想的实现场所是社会而非国家，这本身和社会主义是有亲和力的。

四 先秦儒学同社会主义的相斥处：缺失对人性的实践改造维度和其对现世的适应

前文详细论证了先秦儒家中和社会主义相亲和的要素。同建构在形而上学的西方哲学和西方政治思想相比，这些同社会主义相亲和的思想要素更早地在中国的儒家中就已经存在了。不过，笔者认为，儒家政治思想，仍然和社会主义之间存在着巨大的距离。当然，在先秦儒家滥觞的时代，在小农经济刚刚起步的年代，说儒家思想和社会主义相关无异于天方夜谭（尽管也有一些研究者将二者关联起来，譬如梁启超认为“欧洲所谓社会主义者，其倡导在近百余年间耳。我国则孔、墨、孟、荀、商、韩以至许行、白圭之徒，其所论列，殆无一不带有社会主义色彩”①）。而儒家思想同社会主义的张力，不仅仅是由于时代背景的不同，

① 梁启超:《先秦政治思想史》，中国人民大学出版社 2012 年版，第 6 页。

其某些思想要素是和社会主义不相和的。笔者认为，这不相合的要素即是礼治。

（一）礼治：在既有人性的前提下寻求中道

儒家强调道德和政治都要从人情出发，然而人情有偏执的可能性。在先秦儒家看来，偏执而过分的欲望是不可取的，需要纠正人性情上的偏颇。《中庸》上说：

> 喜怒哀乐之未发，谓之中；发而皆中节，谓之和。中也者，天下之大本也；和也者，天下之达道也。[①]

朱熹的解释是“发皆中节，情之正也，无所乖戾，故谓之和”[②]。因此，人情必须通过引导，得以正确地抒发，这种“和”的境界才能达到。而为了达到“和”的境界，其途径是礼治。正如有若说的：

> 礼之用，和为贵。先王之道，斯为美。小大由之，有所不行；知和而和，不以礼节之，亦不可行也[③]

这段话体现了儒家政治中，“礼”是实现中庸境界的主要途径，礼以和为贵，而《中庸》中提到“和”是一种“发而皆中节”的状态，朱熹认为“发皆中节，情之正也”[④]。因此，所谓礼治，是从人情出发，培育、引导、纠偏人情，最终使人情归正的手段。《礼记》中也提到“夫礼，所以制中也”[⑤]。

由此可见，礼有灵活的性质，它不是不变的教条，也不是外在于人

---

① 《礼记·中庸》。

② （宋）朱熹撰：《中庸章句》，载（宋）朱熹撰《四书章句集注》，中华书局2011年版，第20页。

③ 《论语·学而》。

④ （宋）朱熹撰：《中庸章句》，载（宋）朱熹撰《四书章句集注》，中华书局2011年版，第20页。

⑤ 《礼记·仲尼燕居》。

情的规矩，而是根据具体环境、具体时空而变化，它在某个特定情境中寻求“无过无不及”的恰当方式。礼内在于人心的自然感情，因此不是强制的律令。礼本应随着时代人心的变化而不断调整，但在中国后来的历史中，礼渐渐僵化，成了禁锢人性自由的礼法，这也是魏晋风度中出现“越名教而任自然”等对礼教的反抗行动的原因，在明清时代的《牡丹亭》《红楼梦》等文学作品中也处处反映出对礼教的批判，但必须指出，这不是礼治原本的精神所在。

抛去礼治后来的僵化不论，就先秦儒家中“礼”本原的精神而言，它也与社会主义的精神有所矛盾。礼依托于既有的自然人情，它试图在这个人情的前提下寻求一种“无过无不及”的中道状态去规范人情。礼治精神承认礼应该随着历史变迁而进行改变调整。但是礼治本身不寻求改造人情，不寻求改造人性，更不寻求改造这种人性的社会状态，而只在既有人性的前提下发挥作用；而社会主义的内在精神是改造社会与人性，使人实现更理想的社会与人性。因此在这一点上，二者的精神是相抵牾的。

（二）《礼运》中的大同思想同礼治思想的不合

在先秦儒家的经典中，唯有《礼记》中的《礼运》篇和这种礼治精神不相符合。《礼运》描绘了一个“天下为公”“人不独亲其亲，不独子其子”① 的大同理想社会，并将其与“大道既隐，天下为家，各亲其亲，各子其子，货力为己，大人世及以为礼，域郭沟池以为固，礼义以为纪”② 的小康社会相对比。《礼运》篇把礼治限定为一种次等理想下才起作用的治理方法，并构想了一种更高级的理想政治秩序。这种对比在一定程度上承认了改造人性与社会，进而构建理想社会的可能性，因此和建构在既有人情基础上的礼治精神不合。正是因为这个原因，历来许多儒者怀疑《礼运》不是纯正的儒家作品。譬如朱熹认为《礼运》“似与

---

① 《礼记·礼运》。
② 《礼记·礼运》。

老子同……不是圣人书”[①]；近代的梁漱溟认为其“分别这个不如那个好……认定外面有所希望计较的态度，决不合孔子之意”[②]。

正是因为礼治是以当下社会环境基础上的人情出发寻求合理的秩序，而并不寻求改造人性与社会，所以先秦儒家奠定了一种同现世相和谐适应的基调，缺乏进行改造社会环境的实践的欲求。韦伯曾经对儒教的现世态度进行过经典的论断，即：

> 那种对现世的紧张关系，无论在宗教对现世的贬低还是从现世所受到的实际拒绝方面，都减少到最低限度（在意图上）理性的伦理，就是儒教。现世是一切可能的世界中最好的世界。[③]

单单从先秦儒家的角度而言（韦伯分析的材料来源也都是先秦儒学经典），韦伯的分析是精当的。这正是礼治的性质所带来的必然的结果。礼治是对当下人情的适应和调节，这使得儒家对现世几乎不存在紧张的关系，因此便缺乏一种实践的精神，即通过实践改造现存社会与人性的精神。因此先秦儒家很难诞育出乌托邦思想。西方的乌托邦研究者如库玛（Krishan Kumar），认为乌托邦思想是西方文明独有的产物，准确而言是古希腊罗马文明和基督教文明相结合的产物[④]。因为在古希伯来一神教中，出现了天国和人世的对立与紧张关系，这是乌托邦精神的思想源头。而社会主义思想也需要这样一种紧张关系，因此实践至关重要，用马克思《关于费尔巴哈的提纲》中的话来讲就是“问题在于改变世界”。在先秦儒家处我们很难看到这种同现世的紧张关系，唯一的例外就是《礼运》篇对大同世界的描绘，这一例外还被很多儒者看作是儒家的异端。其根本原因就是礼治的思想同通过实践改造世界是相矛盾的。

---

① （宋）黄士毅编：《朱子语类汇校》，徐时仪、杨艳汇校，上海古籍出版社 2016 年版，第 2268 页。

② 梁漱溟：《东西文化及其哲学》，上海人民出版社 2007 年版，第 130 页。

③ ［德］马克斯·韦伯：《儒教与道教》，王容芬译，商务印书馆 2004 年版，第 280 页。

④ Kumar, Krishan, *Utopia and Anti – Utopia in Modern Times*, Oxford: Basil Blackwell, 1987, p. 19.

五 小结

儒家思想之所以同社会主义有亲和性，并不在于它的政治主张，而在于它存在论上的基本特征。这里面最重要的是，先秦儒家的所有规范，其核心都在于自然人情。因此它和同时代建立在与人的感性世界有距离的基础上的西方形而上学有着本质的区别。虽然先秦儒学无意于建构存在论学说，我们不妨将其称为“情本体论”。而这种情本体论主张政治规范源自人情，主张政治应以人情为据，与时变易。它同我们上章讨论的近代西方唯物主义，有着某种相似之处。这正是儒学在思想基调上，奠定了它在其近代转化中，有可能亲近社会主义。

另一方面，儒学的“礼治”思想中对现世的亲和、对人情的调适而非改造的基调等特点，是和社会主义的精神相异的。而这一点的改变，正是在明清气一元论儒学的发展中出现的。气一元论在继承了儒学的上述根本特征的基础上，对实践思想有所发展，历史演化论也由此内生，从而使儒学的演进脉络同社会主义所需的思想基础更为接近。这正是本书接下来两章所要阐述的。

第 三 章

人情和实践
——明清气一元论对朱子学的解构及其与晚清社会主义思潮的关系

天下惟器而已矣，道者器之道，器者不可谓之道之器也。①

——王夫之《周易外传》

上一章我们详细探讨了先秦儒学中同社会主义的相近要素和互斥要素。作为中国思想史上的轴心时代，先秦儒家奠定了作为古代中国最主流的思想——儒学的思想基调。但是儒学从诞生起一直处于流变之中。本章认为，在明清兴起的气一元论②继续发展推进了这些和社会主义相近的思想要素，而先秦儒学与社会主义相抵牾的思想要素则在气一元论的发展中渐渐消弭了。近代的康有为、刘师培和章太炎等思想家无不是从气一元论儒学的思想环境中开始发展其自己的思想的，由于气一元论的思想基调，他们在发展自己的政治学说或选择性地吸收西方思想时，向社会主义所倾斜。

然而，气一元论在明清时期兴起，其主要回应和批判的对象是以朱熹为代表的程朱理学。程朱理学从南宋末期就成为中国王朝的正统思想，从明代开始，它分别受到陆王心学和气一元论的批判，但是，无论是哪

---

① （清）王夫之：《周易外传》，载（清）王夫之《船山遗书（第二册）》，中国书店出版社 2016 年版，第 133 页。

② “气一元论”也可以被称作“气本论”或“气学（同理学和心学相对）”，其内涵在本书导论中已经解释。

一方的批判和回应，都是在朱熹经典理论的问题域上进行批判。宋代理学的重要意义是在儒学思想中第一次系统性地开辟了存在论的领域，并在朱熹处通过对理、气、心哲学的总结而集大成。此后，凡是在儒学内部对存在论问题进行讨论，不得不建立在宋代理学概念的基础上，并且必须对理学的集大成者——朱熹哲学进行回应。“气一元论”中的气也是源自宋代理学的概念。因此，我们要讨论气一元论思想为晚清社会主义的兴起所奠定的基础，就要从气一元论所必须回应的对象——朱熹理学谈起。

一 “理”的先验性对儒家情本体论的破坏

（一）理学对儒家存在论的建构

宋代理学对儒学思想的最大贡献就是借鉴佛家、道家的思想，建立了儒家的存在论学说。理学的存在论运用的最重要的两个概念就是“理”和“气”。其中“气”的涵义和物质紧密相关，“气”的理论率先被关学[①]的代表张载发展起来，它不单单指的是物质，而且被认为是“物的物质性根源”[②]，是一种先物质的物质，而且处于不断运动变化之中，具备生命力和活动力。晚清谭嗣同的仁学学说中用的西方的概念“以太”，其内涵也是“气”的学说。

而理学存在论中的另一个核心概念“理”则率先被洛学[③]的代表程颐发展起来，理本身是规则、规律之义。在程颐看来，是“理”赋予了物的规定性，只有在以理的规则为前提下，物才能够生成。在程颐看来，“理”显然具有独立性，其本身不受物质的制约。

---

① “关学”是起始于北宋仁宗庆历年间的一个早期理学（广义上的理学）流派，因其代表思想家张载是关中人而得名。张载（1022—1077），字子厚，世称横渠先生。关学的特点是以“气”这一和“物质”相近的概念建构儒学存在论，是早期气一元论的滥觞，也是朱熹理气二元论思想的来源之一。

② ［日］小野泽精一、福永光司、山井涌等编著：《气的思想——中国自然观和人的观念的发展》，李庆译，上海人民出版社 1990 年版，第 344 页。

③ “洛学”是北宋另一早期理学流派，以程颢（明道先生）和程颐（伊川先生）兄弟为代表，因二人是洛阳人，故其学派名“洛学”。大程和小程思想也有差异，程颐的“理本论”思想是朱熹思想的另一主要来源。其特点是以先验性的规范“理”作为其儒学存在论的核心概念。

朱熹作为宋代理气哲学的集大成者，将程颐的理学和张载的气学统摄到自己的思想体系中，同时承认世界的形而上根源（理）和物质性根源（气）。朱熹借用《周易》中的那句有名的“形而上者谓之道，形而下者谓之器”[①] 来分析理和气的关系：

> 天地之间，有理有气。理也者，形而上之道也，生物之本也；气也者，形而下之器也，生物之具也。是以人物之生，必秉此理，然后有性，必秉此气，然后有形。[②]

朱熹继承了程颐的看法，将理视为事物之本质，对事物的变化方向起着规定性的作用，气依托于理运行，但理也依托于气而呈现，所以从存在的角度看，二者不可分，朱熹认为：

> 然非是气则虽有是理而无所凑泊，故必二气交感，凝结生聚，然后是理有所附着。[③]

但是从逻辑的角度看，事物的本质事先已经被理规定了，理的规定性不随事物存在与否而改变。所以以逻辑言之，则理在气先：

> 有理，便有这天地。若无理，便亦无天地、无人、无物，都无该载了。[④]
>
> 然以意度之，则疑此气是依傍这理行。[⑤]

---

① 《周易·系辞上》。

② （宋）朱熹：《答黄道夫》，载（宋）朱熹《朱熹集（卷五十八）》，郭齐、尹波点校，四川教育出版社 1997 年版，第 2947 页。

③ （宋）黄士毅编：《朱子语类汇校》，徐时仪、杨艳汇校，上海古籍出版社 2016 年版，第 77 页。

④ （宋）黄士毅编：《朱子语类汇校》，徐时仪、杨艳汇校，上海古籍出版社 2016 年版，第 2 页。

⑤ （宋）黄士毅编：《朱子语类汇校》，徐时仪、杨艳汇校，上海古籍出版社 2016 年版，第 3 页。

（二）理学同社会主义思想的存在论基础的疏离

朱熹的理论出发点当然是完善和捍卫儒学，但其学说的存在论建构却有意无意地改变了先秦儒家的思想基调，上一章我们讨论的先秦儒家和社会主义相亲和的诸多要素，在朱熹理学的框架中也被消解了。具体而言从以下几个方面讨论。

（1）理学对人情欲望的否定性倾向

前文曾提到，在先秦儒家那里，儒家的道德规范和政治准则都是从自然人情出发，这是儒家思想鲜明的特点。然而在朱子学中，“理”不但是存在论意义上的，而且也是伦理上的重要概念。朱熹将“天理”和“人欲”区分开来。凡是没有形成气质之前就存在的人的本质属于天理，而人的感性的欲望便属于人欲。

朱熹的哲学将人性也划分成两部分，一部分是本然之性，也就是朱熹所说的狭义的“性”，本然之性直接禀受于天理，朱熹认为“性即理也”[①]“只是这个理，在天则曰‘命’，在人则‘性’”[②]。由于理本身是变动不居的，不受后天气质的影响，所以针对本然之性而言，人人相同，古今相同。朱熹将儒家道德规范都归入本然之性的范畴，如“性是理之总名，仁义礼智皆性中一理之名”[③]。因此本然之性是完全善的。总而言之，本然之性由于直接禀受天理，所以它超越时空人群的区别，完全相同，所有的善都蕴含于本然之性中。朱熹试图用本然之性来解释和捍卫孟子的性善论。

凡是不同的人之间的差别，朱熹都将其归结为“气质之性”。朱熹将本然之性和气质之性的关系比作水和沟渠，每个人本然之性如水般都是清澈的，但流入的沟渠不同，水也就或清或浊，即所谓“性如水，流于

---

① （宋）黄士毅编：《朱子语类汇校》，徐时仪、杨艳汇校，上海古籍出版社 2016 年版，第 82 页。

② （宋）黄士毅编：《朱子语类汇校》，徐时仪、杨艳汇校，上海古籍出版社 2016 年版，第 95 页。

③ （宋）黄士毅编：《朱子语类汇校》，徐时仪、杨艳汇校，上海古籍出版社 2016 年版，第 105 页。

情渠则清，流于污渠则浊”[1]。人性中凡是善的因素都属于本然之性，那么恶的因素便全部来源于气质之性。具体而言，则来自气质之性中的欲望。所以朱熹建立了天理和欲望之间的紧张关系，他甚至认为“圣贤千言万语只是明天理，灭人欲”[2]。朱熹主张儒者修养时要有“主敬涵养”的功夫，其目的之一就是尽量排除人欲的影响。所谓“常常存个敬在这里，则人欲自然来不得”[3]。

就此而言，朱熹对人情欲望的看法和先秦儒家已经出现了较大的不同。正如前文所说，先秦儒家并不将人情欲望视为恶的渊薮，恰恰相反，先秦儒家将人情欲望视为规范的来源，只须通过礼使情的抒发归之于正即可。先秦儒家重视人感性情感的方方面面；朱熹则将人性中的善全部归结为先于气质而存在的天理，因此探究善只研究天理即可，而人受后天通过社会影响获得的气质禀赋便不受重视。因此，在理学中，对人性的探究愈发脱离社会的人的复杂性和多样性，对“本然之性”的认识越发单调、抽象和教条，儒家道德和政治也因此不再从社会化、多样化的人性出发，只从单调说教的“本然之性”出发。更为严重的是，由于欲望被视为气质之性中恶的渊薮，理学越发走向了排斥人欲的道路，戴震称之为“以理杀人”。这种脱离社会化的人性观和去欲的主张也自然和社会主义思想的亲近性愈发疏远。

（2）理学的轻视实践态度

前文指出，在先秦儒学看来，“道不离人伦日用”，儒学从人的日常生活出发，也以人的日常生活为归宿。儒家关注的问题在社会生活的方方面面。本书上一章已经论述过，儒家虽缺乏改造人情的实践观，但其重视建立在既有人情基础上的政治实践。先秦儒学的政治观并不是简单的“道德政治观”，并不建立在抽象的道德教条上，有时甚至颇有实用主义的态度，承认在政治面前，私人道德可以权变，这在孔子对管仲的高

---

① （宋）黄士毅编：《朱子语类汇校》，徐时仪、杨艳汇校，上海古籍出版社 2016 年版，第 81 页。

② （宋）黄士毅编：《朱子语类汇校》，徐时仪、杨艳汇校，上海古籍出版社 2016 年版，第 231 页。

③ （宋）黄士毅编：《朱子语类汇校》，徐时仪、杨艳汇校，上海古籍出版社 2016 年版，第 231 页。

度评价中可见一斑：

> 子贡曰："管仲非仁者与？桓公杀公子纠，不能死，又相之。"子曰："管仲相桓公，霸诸侯，一匡天下，民到于今受其赐。微管仲，吾其被发左衽矣。岂若匹夫匹妇之为谅也，自经于沟渎而莫之知也。"①

然而在朱子学处，由于在存在论上将"理"与"气"进行区分。因此众多的社会事务、人情百态、人伦日用都被纳入到形而下的"气"的范畴中去，因此便受到了忽视。而"理"才是朱熹最为关注的焦点。由于"理"是先验存在的，即所谓"未有天地之先，毕竟是先有此理"②。因此人由于社会性而后天出现的复杂多样的人伦日用问题，就因此被归类为气质之性而被置于次要地位：另一方面，由于"理"是高度伦理化的，同时和"欲"相对立，所以在"理"指导下的政治原则，表现出更强的道德性。理学的道德政治观不但和人的自然情感有所脱离，而且出现以私德评价政治行为的态度。在这种情况下，政治实践的实用性便被道德评价和心性所取代。譬如三代的政治是儒家所一直向往的状态，但在朱熹的三代观中，"回到三代"纯粹是一个心性论问题，三代之所以伟大是因为在三代社会脱离了利欲的影响，这种评价完全脱离了三代的政治实践，一切对政治的评价都归结为心性修养。而且在朱熹看来，儒者的修养是通过所谓"主敬涵养"，其目的是隔绝私欲对人的干扰。这种修养方式主要是面对自身进行自省，本身是脱离社会实践的，先秦儒家那种"孔席不暇暖"的积极参与社会实践的形象在理学处消失了。康有为对朱子学脱离实践的倾向有过总结：

> 朱子生于大统绝学之后，揭鼓扬旗而发明之，多言义而寡言仁，

---

① 《论语·宪问》。

② （宋）黄士毅编：《朱子语类汇校》，徐时仪、杨艳汇校，上海古籍出版社2016年版，第1页。

知省身寡过而少救民患。[①]

(3) 理学对历史演化思想的阻碍

前文已经提到，朱熹理学的核心概念“理”具有先验论的特征。理作为世界的规则，被认为先于世界而存在，即所谓“未有天地之先，毕竟是先有此理”[②]。因此理被视为千古不易的存在，它不会随着“形而下”的气的运动变化而变化。朱熹认为“夫人只是这个人，道只是这个道，岂有三代、汉、唐之别?”[③]

先秦儒学虽然没有成熟的存在论，但其道德、政治思想具有承认变易的倾向。“礼”“中庸”这些核心概念都需要放在具体情境背景下讨论。因为儒家是从自然人情出发的，而人情是可能随着历史和环境变化的。

但是在朱熹建立的存在论中，“理”不依托于历史而存在，因此在理学中，历史没有存在论上的意义，因此历史的价值在朱熹看来相当有限。在理学家眼中，史学的地位被大大贬损了。朱熹曾认为“看史只如看人相打，相打有甚好看处？陈同父（陈亮）一生被史坏了”[④]。在朱熹看来，无论是道德或政治的准则都不会随着历史而变化。所以，在理学的思想结构中，缺少存在论意义上的历史演化思想存在的空间。

综上所述，宋代兴起的理学，在试图建构儒学的存在论基础时，也改动了先秦儒家中的诸多思想要素。先秦儒学同社会主义相亲和的思想要素也在理学中被消解。先秦儒学那种从自然人情出发的思想精神被消弭，代之以对私欲的贬低；先秦儒学中对政治社会实践的积极态度，在理学中变成了个人自省的道德修养；理学中的“天理”亘古不变，因此历史演化理论也就失去了空间。作为正统思想的理学，这三点特征使其与社会主义思想极不相容。在理学的思想土壤中是没有不存在接受社会主义的可能的。

---

① 康有为：《孔子改制考》，姜义华、张荣华编校，中国人民大学出版社 2010 年版，第 3 页。

② （宋）黄士毅编：《朱子语类汇校》，徐时仪、杨艳汇校，上海古籍出版社 2016 年版，第 1 页。

③ （宋）朱熹：《答陈同甫》，载（宋）朱熹《朱熹集（卷三十六）》，郭齐、尹波点校，四川教育出版社 1997 年版，第 1597 页。

④ （宋）黄士毅编：《朱子语类汇校》，徐时仪、杨艳汇校，上海古籍出版社 2016 年版，第 2982 页。

二 气一元论儒学的滥觞

(一) 气一元存在论的初步建立:张载、罗钦顺与王廷相

正是因为以朱子学为代表的理学在建构儒学本体论时,其理论倾向和儒家本初的精神有所抵牾,所以之后的儒者对其多有反思。众所周知,以陆九渊、王阳明为代表的心学反对朱子学从客观事物上通过"格物致知"求理,心学认为朱子学只把人心视为一种认识能力,因此脱离了人的本心;而另一支儒学流派则认为朱子学对先验性的"理"的强调使其和儒家本初的"道不离人伦日用"的特征有所抵牾,这支儒学流派就是本书所重点关注的"气一元论"。

无论是气一元论,还是心学,他们都试图批判朱子学,重建儒学的存在论。但他们都是在朱熹的概念和范畴上出发的。"理"和"气"同为朱熹理学的存在论的两根支柱,但"理"毕竟逻辑上占先,气的地位是次要的。"气"在理学的框架内,是一个和现实社会生活、人的情感更为亲近的概念。"气一元论"哲学的兴起正是缘于对理学中"理"的空疏教条的反动。

将"气"视为存在论意义上的世界唯一根源,最早是从张载的关学开始的。张载也被后来气一元论的代表王夫之、谭嗣同等思想家视为其思想来源。但是张载是理学形成期的思想家,他的思想是朱熹理学的重要来源之一。他的气一元论虽然承认气是世界的唯一本原,但其结构却和朱熹的理学更为相似。这体现在张载对"天地之性"和"气质之性"的区分上。张载认为"天地之性"是气的本来状态"太虚"的体现,清澈纯一,不受后天欲望情性的影响,他说"天所性者通极于道,气之昏明不足以蔽之"[①]。张载将人的性情欲望和"太虚"的本然状态对立起来,如所谓"湛一,气之本;攻取,气之欲"[②] "惟其能克己,则为能

---

① (宋)张载:《正蒙·诚明篇》,载(宋)张载《张载集》,章锡琛点校,中华书局2012年版,第21页。

② (宋)张载:《正蒙·诚明篇》,载(宋)张载《张载集》,章锡琛点校,中华书局2012年版,第21页。

变，化却习俗之气性，制得习俗之气”①。因此，在张载的气一元论中，同样轻视后天社会性的“气”，张载重视气的本初—太虚的清澈澄明状态，因此主张人“克己节欲”，因此同程朱理学一样轻视人后天的情性欲望和社会实践。张载的气一元论是在宋代理—气哲学成熟前的产物，并且在其建构气一元的存在论时深受佛教“神识不灭”“轮回”等思想的影响②。和明清针对批判朱子理—气哲学而兴起的气一元论不可一概视之。

笔者认为，明清的气一元论儒学的思想脉络是从明代中期的罗钦顺③、王廷相④滥觞的，在明末清初的王夫之时基本建构了自己的体系，在清代的颜元、戴震、章学诚、魏源、龚自珍等思想家处继续深化发展，并产生一些内部分支。气一元论在明代出现，但同样作为朱熹理学的反对者，在明代，气一元论影响明显没有阳明心学显著。然而，心学由于本身思想空疏无依的特质，在泰州学派之后缺乏思想体系的进一步发展，而气一元论在清代却在“汉学”的外衣下进一步发展，并成为本书重点讨论的晚清社会主义思潮的思想来源之一。

气一元论在明代滥觞之时，是出于对朱熹理学中“理”的先验性的批判，在罗钦顺等思想家看来，理本是事物的规则，而朱熹把“理”视为逻辑上先于事物而存在的形而上概念，是不可理解的。对此，罗钦顺批判道：

> 理果是何形状而可以“堕”、以“泊”言之乎……只缘平日将理气作二物看，所以不觉说出此等话来。⑤

因此罗钦顺和王廷相反对将理和气视为不同的二物，否定了理在存

---

① （宋）张载：《经学理窟·学大原上》，载（宋）张载《张载集》，章锡琛点校，中华书局2012年版，第281页。

② 张清江：《理学生死论辩中的性、形与气——以朱熹对张载“水冰”比喻的批评为中心》，《中国哲学史》2018年第2期。

③ 罗钦顺（1465—1547），字允升，号整庵，与王阳明同时期思想家，明中期“气一元论”代表。

④ 王廷相（1474—1544），字子衡，号浚川，明中期“气一元论”的另一位代表。

⑤ （明）罗钦顺：《困知记》，转引自复旦大学哲学系中国哲学教研室《中国古代哲学史》，上海古籍出版社2011年版，第726页。

在论上的首要位置，主张理只是气变化的规则而已，即“理只是气之理，当于气之转折处观之”①。王廷相则对朱子学中理的逻辑首要地位进行批判，认为“理载于气，非能始气也。世儒谓‘理能生气’，即老氏‘道生天地’也”②。王廷相认识到了理学在建构理本体论时借鉴了佛学和道家的成熟本体论学说，因此损害了儒学本身的特质。罗钦顺作为气一元论的先行者，尚没有对朱熹理学中“理”的涵义进行批判，因此他的学说仍然居于理学和气学之间，局限于存在论的探讨，尚没有将气一元论发展到社会政治理论上去。而王廷相已经意识到，在“气一元论”立场上，必然会否定朱熹理学的人性观。气一元论只承认以气为基础的存在论，而“气”是作为物质性的存在，自然也包括具有社会性质的“器”。因此在人性观念上，按照气一元论的逻辑，会承认人性的自然状态，进而承认人后天欲望的合理性，而否认先验的人性善恶。所以，王廷相的人性论批判矛头直指朱熹理学中对“本然之性”和“气质之性”的划分，认为人性只有“气质之性”。他说“人有二性，此宋儒之大惑也……余以为人物之性无非气质所为者，离气言性，则性无所处，与虚同归。”③ 甚至他还由此出发，大胆质疑孟子的性善论。

（二）气一元论在社会政治问题上的视角

本章主要关注的问题是气一元论儒学在社会政治上的影响。气一元论一开始只是对理学存在论的批判，然而将具有物质涵义的气作为存在论的唯一概念，其逻辑的结果，必然会影响气一元论儒学的社会和政治思想。气一元论否定了基于理气二元论的“义理之性”和“气质之性”的人性二元论，认为人只有“气质之性”，这一方面意味着它否定了所谓“义理之性”对作为“气质之性”一部分的欲望人情的束缚。气一元论倾向于肯定人情欲望的天然合理性；另一方面，它倾向于肯定人性形成于

---

① （明）罗钦顺：《困知记》，转引自复旦大学哲学系中国哲学教研室《中国古代哲学史》，上海古籍出版社 2011 年版，第 727 页。

② （明）王廷相：《慎言》，转引自复旦大学哲学系中国哲学教研室《中国古代哲学史》，上海古籍出版社 2011 年版，第 727 页。

③ （明）王廷相：《答薛君采论性书》，转引自复旦大学哲学系中国哲学教研室《中国古代哲学史》，上海古籍出版社 2011 年版，第 727 页。

人的社会生活，而人的社会生活是历史地层累形成的，因此，气一元论有发展出历史演化理论的潜质。

再者，人的社会政治生活都属于“气”的范畴，气一元论对“气”的重视会转型对人所有社会生活和政治生活的重视，而不再同程朱理学般只重视先验的理中抽象而僵化的道德。因此，在气一元论的逻辑下，儒学关注的重点重新回到关乎人伦日用的社会生活以及政治。并且，由于气（或曰器）面向的社会生活是人实践的产物，而非先天存在的“理”，气一元论儒学倾向于重视实践，重视人的主观能动地改造现实世界的活动。气一元论儒学恢复了本书第二章所总结的先秦儒家情本体论的思想特点，而与之相比更强调实践的作用。气一元论具备了唯物主义哲学的特征，而且具备了本书第一章所总结的社会主义的唯物主义存在论土壤的必备条件。

（三）气一元论社会政治思想的初步发展：王夫之对气学理论中情感欲望、实践主张、历史观三个维度的拓展

气一元论儒学在逻辑上可能带来儒家社会和政治观的变化的可能性，在明末清初展现出来了，尤其在王夫之[①]的思想当中体现明显。王夫之气一元论的开创性和全面性、深刻性，不但远远超过了明中叶的王廷相和罗钦顺，而且也胜于之后清代的颜元、戴震等人。钱穆曾对其评价道“船山则理趣甚深，持论甚卓，不徒近三百年所未有，即列之宋明诸儒，其博大闳括，幽微精警，盖无多让。”[②]

王夫之的气一元论超越了张载气一元论的追求“天地之性”的与现世有距离的思想，而主张把“道”放在具体事物（“器”）中考察。王夫之认为，没有脱离具体事物而存在的道。他提出：

> 天下惟器而已矣，道者器之道，器者不可谓之道之器也。[③]

---

① 王夫之（1619—1692），字而农，号姜斋，世称船山先生。明末清初三大思想家之一，气一元论的重要代表。

② 钱穆：《中国近三百年学术史》，商务印书馆 1997 年版，第 106 页。

③ （清）王夫之：《周易外传》，载（清）王夫之《船山遗书（第二册）》，中国书店出版社 2016 年版，第 133 页。

朱熹理学理气二元论理论的重要依据之一是《周易》中的一句话："形而上者谓之道，形而下者谓之器。"[①] 王夫之对这句话进行了气一元论的重新解释，从而解构朱熹理学的经学根据，他认为这句话的意思是"形而上者，非无形之谓。既有形矣，有形而后有形而上。无形之上，亘古今，通万变，穷天穷地，穷人穷物，皆所未有者也"[②]。

王夫之对之前气一元论的重大突破之处在于，他在认识到"理"（道）只是建立在"气（器）"的前提之上的规律之外，还发现"器"本身是人类实践的结果，他提出：

> 成必有造之者，得必有予之者，已臻于成与得矣，是人事之究竟，岂生生之大始乎？有木而后有车，有土而后有器，车器生于土木，为所生者为之始。[③]

作为器的规律的"道"，也不只是认识论的问题，同样和实践密切相关。"道"所认识的事物是人实践的结果，他认为"无其器则无其道……今日无他年之之道者多矣，未有弓矢而无射道，未有车马而无御道"[④]。正是因为作为人认识对象的器是人类实践的结果，所以王夫之认为"行"的地位高于"知"，明确指出"且夫知者，固以行为功者也。行也者，不以知为功者也。行焉可以得知之效也，知焉未可以得行之效也"[⑤]。

王夫之的气一元论将"器"，也就是将对象和现实视为人类实践的结果，就这一点而言，不但是彻底的唯物主义，而且同欧洲近代思想相比，甚至比包括费尔巴哈在内的西方近代唯物主义思想更为深刻。马克思在

---

① 《周易·系辞上》。

② （清）王夫之：《周易外传》，载（清）王夫之《船山遗书（第二册）》，中国书店出版社2016年版，第134页。

③ （清）王夫之：《周易外传》，载（清）王夫之《船山遗书（第二册）》，中国书店出版社2016年版，第5页。

④ （清）王夫之：《周易外传》，载（清）王夫之《船山遗书（第二册）》，中国书店出版社2016年版，第134页。

⑤ （清）王夫之：《尚书引义》，载（清）王夫之《船山遗书（第二册）》，中国书店出版社2016年版，第371页。

批判之前的唯物主义思想时认为“从前的一切唯物主义（包括费尔巴哈的唯物主义）的主要缺点是：对对象、现实、感性，只是从客体的或者直观的形式去理解，而不是把它们当作感性的人的活动，当作实践去理解，而不是从主体方面去理解”①。而王夫之的气一元论已经做到了将对象和现实视为人实践的产物的高度。王夫之的实践观还进一步引申到他的人性论中，他认为人性也是社会实践的结果，即“习与性成者，习成而性与成也”②。因此他认为人性是不断随着人的实践（“习”）变化和生成的，因此人性不是僵化的和静态的，即“夫性者生理也，日生则日成也”③。王夫之从气一元论出发的实践思想，和本章接下去要讨论的颜元的实践思想在逻辑上是相近的。

王夫之主张“器”是人不断实践的结果，因此“器”会呈现出历史阶段不同的差异。而“道”是由“器”而产生的规律和规范，因此随着历史中“器”的变化，道也应该随之变迁。他主张“今日无他年之之道者多矣”④，所以王夫之的气一元论有历史维度，他的存在论承认存在在变易中。“道”应该根据“器”的变化而变化。所以历史对探究“道”有着重要的基础作用。王夫之从气一元论出发，初步发展出了一种历史演化的理论。王夫之重视史学，他曾撰写了《读通鉴论》和《宋论》两本重要的历史学著作。笔者认为，他对史学的重视是出于他“气一元论”的存在论的问题意识的。王氏一扫之前儒家崇拜三代的师古尚古思潮，他主张：

> 一代之治，各因其时……未有慕古人一事之当，独举一事，杂古于今之中，足以成章者。⑤

---

① 马克思：《关于费尔巴哈的提纲》，载《马克思恩格斯文集（第1卷）》，人民出版社2009年版，第499页。

② （清）王夫之：《尚书引义》，载（清）王夫之《船山遗书（第二册）》，中国书店出版社2016年版，第361页。

③ （清）王夫之：《尚书引义》，载（清）王夫之《船山遗书（第二册）》，中国书店出版社2016年版，第361页。

④ （清）王夫之：《周易外传》，载（清）王夫之《船山遗书（第二册）》，中国书店出版社2016年版，第134页。

⑤ （清）王夫之：《读通鉴论》，舒士彦点校，中华书局2013年版，第604页。

王夫之认为，应该以当代社会的人性为基础来树立政治准则，由于人性不断变易，建立在古代人性上的“道”应用到当代，必带来危害，即“泥古过高，而菲薄方今，以蔑生人之性”[①]。王夫之的历史演化思想是其气一元论儒学的理论结果，是之后历史进步论发展的先声。本书下章中将论述章学诚建立在气一元论基础上系统的历史演化论，章学诚的历史哲学和王夫之的逻辑是几乎一致的。

王夫之在气一元论基础上建构的人性论极具特色。前文已经提到，出于气一元论对实践的重视，王氏认为人性是通过实践而形成的，因此不存在先天的“义理之性”，人性不是静态僵化的，而是随实践不断变化；另一方面，由于在气一元论中，随着“义理之性”被否认，只承认“气质之性”。人性中的情感欲望在气一元论中也被认为是合理的。王夫之在这一点上和王廷相相似，而又有所深入发展，他指出“礼虽纯为天理之节文，而必寓于人欲以见；唯然，故终不离人而别有天，不离欲而别有理也”[②]。王夫之将规范性的理（或曰道）建立在人欲的基础上，是对本书第二章所指出的先秦儒学以人情为本的基调的复归。本章后面将详加讨论的戴震思想在这一点上和王夫之可谓不谋而合。

综上所述，王夫之完成了一个完善的气一元论思想体系，他的卓越贡献就在于他将之前局限于存在论范围的气一元论哲学扩展到人性、社会和政治学说。王夫之肯定了人的自然情感欲望的合理性，并将人性视为由人自身实践而塑造且不断变化的存在，建立了气一元论下的人性学说；王夫之肯定了气（器）是人实践产生的，否认了有超脱于人之外的“道”的存在，王夫之的气一元论是实践的气一元论；王夫之的存在论是含有历史维度的，初步发展出了历史演化理论。王夫之的气一元论恢复了被理学所破坏的先秦儒家（本书第二章所论述的）那种“道不离人伦日用”“礼本人情”的特征，而和先秦儒家相比，更为强调实践，更为强调人的能动性，不再泥古，更强调历史演化思想。王氏带有实践和历史

① （清）王夫之：《读通鉴论》，舒士彦点校，中华书局2013年版，第579页。

② （清）王夫之：《读四书大全说》，载（清）王夫之《船山遗书（第八册）》，中国书店出版社2016年版，第151页。

维度的气一元论比西方近代的爱尔维修、费尔巴哈等唯物主义思想甚至更为成熟，已经相当接近于本书第一章所讨论的社会主义的存在论基础。金观涛和刘青峰就认为，王夫之对气一元论的道德和政治理论的发展，已经很接近于历史唯物主义。[①]

王夫之气一元论的社会政治学说，已经全面呈现了气一元论的人情欲望、实践、历史演化三个重要维度。在本书的论述中，气一元论的这三个维度是康有为和刘师培等发展出社会主义思想的重要基础。然而，王夫之的上述洞见散见于他对儒家经典的阐述中，没有进行系统的论述；另一方面，王夫之明朝遗民的身份影响了他学说的流传。直到清末他的思想才重新流行开来。气一元论的实践、人情欲望和历史演化三个维度在清代思想家那里方式系统地加以论述。

清代思想主流是汉学[②]，清代汉学表面上着力于经典的训诂注疏，但其内在精神仍然是批判宋学的“理”带来儒学的空疏。清代汉学沉浸于训诂学的背后是将儒学的面向转向具体事物，这仍是“道不离人伦日用”的气一元论精神。气一元论社会政治学说中的实践、人情欲望和历史演化三个维度分别被清代的颜元、戴震和章学诚发展起来了。他们的论述比王夫之更为细化和系统，但没有王夫之全面综合。他们也许并没有阅读过王夫之的著作，但理论却有相近之处。钱穆曾总结道“河北颜、李，稍后如休宁戴氏，所以砭切宋明理学走入玄虚之弊者，大略皆（与王夫之）相一致……故得闭门造车，出门合辙，有如是之巧”[③]。颜元、戴震、章学诚等和王夫之社会政治学说的相近，并不是由于直接思想的传承，而是因为他们同为气一元论的主张者，因此其社会政治学说都在气一元论的逻辑之下。然而颜、戴、章等人对气一元论的人情、实践和历史维度的阐发，虽然更为系统，但都是各执一端而片面的，仅仅“各得船山之一体”，而没有像船山那样把三者综合起来。因此，气一元论在清代虽然更为深化，但却也分化了，出现了不同的分支。本书后半部分所要探

---

① 金观涛、刘青峰：《中国思想史十讲》，法律出版社 2015 年版，第 323 页。

② 汉学是清代学术的主流。清代汉学家认为理学的义理空疏，欲回归到汉代儒学重训诂的传统上去，故曰汉学。

③ 钱穆：《中国近三百年学术史》，商务印书馆 1997 年版，第 214 页。

讨的康有为和刘师培虽然都深受清代气一元论的影响，但二者的气一元论有所不同，影响到其社会主义思想也呈现出不同的面貌。下文就将分析清代气一元论的深化和分化。颜元发展出一套以习行为本的实践思想，而戴震发展出了以人情欲为本的思想。

三 实践塑造人性：颜元的气一元论实践观及其影响

（一）变动的和待塑造的人性：实践哲学下的人性观

气一元论不承认“理”的超验存在，只将“气”这一客观的实在作为本体。在朱熹理学处，“理”是超验的，在逻辑顺序上先于“气”而存在的，因此，对于理只需要静态的认识即可。然而，在理的超验本体地位被否认之后，要探究作为本体的“气”的存在，就要复杂许多。因为从个人而言，气包含了人的情感、欲望和能力；就整体而言，气包含了社会事务、政治实践。而这些方面都可以通过人的实践进行改变。因此，气一元论的发展，使得思想家对于“气”不再局限于静态的认识，既然人伦日用是道的来源而非相反，那么作为主体的人，对人伦日用的主动改造便是可能的了。因此，“气一元论”其中一些思想流派中出现了首重实践、实用的派别，其代表就是颜元[①]及其所创立的颜李学派。

颜元在其《存性编》中特别反对朱熹将人性分为“天地之性”和“气质之性”，而将人性统一归为朱熹所谓的“气质之性”。这体现了颜元思想的“气一元论”特征。朱熹把和感官欲望有关的性都归于气质之性，认为“性如日月，气浊者如云雾”[②]、“性是形而上者，气是形而下者。形而上者全是天理，形而下者只是那渣滓”[③]。朱熹认为人的感官是气质之性恶的源头。而颜元以此为其批判的焦点。颜元认为，人自身的感官并不会引导向性恶发展。他以眼睛这一器官举例道：“眶、疱、睛，气质

---

① 颜元（1635—1704），号实斋，清初著名思想家，颜李学派创始人。颜李学派以颜元和其弟子李塨为代表，主张实践和实学。

② （宋）黄士毅编：《朱子语类汇校》，徐时仪、杨艳汇校，上海古籍出版社2016年版，第81页。

③ （宋）黄士毅编：《朱子语类汇校》，徐时仪、杨艳汇校，上海古籍出版社2016年版，第112页。

也，其中光明能见物者，性也，将谓光明之理专视正色，眶、疱、睛乃视邪色乎?"[①] 相较于同为主张"气一元论"的思想家戴震高张人性情欲望本身的合理性，颜元也主张人的气质之性本身性善，但颜元更强调气质之性中人的能力，因为人的感官和器官本身具备的实践能力，所以人性本善。颜元强调："能视即目之性善；其视之也，则情之善；其视之详略远近，则才之强弱。"[②]

颜元把人的本性界定为能力，这使他的理论中人性的范围得以扩大。人的本性是能力的产物，这意味着人性更多是后天得来之物，因此其各种可能性极其丰富。所以，就像水能够使人溺毙，但这并非水的罪过一般，人性中恶的一面并非像朱熹那样认为的是感官本能所带来的，而是外界的影响所致。颜元将其称为"引蔽习染"。他这样论述道：

> 耳听邪声，目视邪色，非耳目之罪也，亦非视听之罪也，皆误也。皆误用其情也。误始恶，不误不恶也。引蔽始误，不引蔽不误也。习染始终误，不习染不终误也。去其引蔽习染者，则犹是爱之情也，犹是爱之才也。[③]

在颜元看来，人性主要受外界影响所致，而外界影响有可能是恶的（即颜元所谓"引蔽习染"），但依此逻辑，外界影响也当然可能是善的。颜元学说的精髓在于，他并不认为这个外界影响是不可改变的，外部环境是可以通过人主动塑造的，而这个行动用颜元的话说是"习于其事"，用今天的语言来讲就是"实践"，颜元主张通过主动塑造环境来改造人心，使人心人性达到理想的境地。他强调：

> 人心，动物也。习于其事，则有所寄而不妄动。故吾儒时习力

---

① （清）颜元：《存性编》，载（清）颜元《颜元集》，王星贤、张芥尘、郭征点校，中华书局1987年版，第1页。

② （清）颜元：《存性编》，载（清）颜元《颜元集》王星贤、张芥尘、郭征点校，中华书局1987年版，第1页。

③ （清）颜元：《存性编》，载（清）颜元《颜元集》，王星贤、张芥尘、郭征点校，中华书局1987年版，第30页。

行，皆所以治心。[①]

因此，颜元的学说中不抽象地看待人性，而是认为人性是变动的、待塑造的。他认为儒家必须强调力行实践，正是建立在这一基础之上。这也是"气一元论"哲学发展的一个必然结果，当"气一元论"把人的生理情感欲望看成首要因素时，就不难发现人的性情实受外界环境影响很大，它绝非变动不居。而同为"气一元论"的代表人物，下文所述的戴震却忽视了人性的可塑造、可变化的一面，这一方面被颜元充分地发展了。

基于此，颜元严厉地批评理学和佛教等思想派别离开实践和实事谈养性的倾向。理学和佛教强调静坐，都是试图通过使人心脱离外界影响的方式来修身。他认为"寂室静坐，绝事离群以求治心，不惟理有所不可，势亦有所不能"[②]。正是因为"理"的超验性和其逻辑上先于"气"的存在，导致理学是脱离实践而谈理的，因此理学才会通过静坐等方式修养身心。当"理"的超验性被打破，自然实践的重要性也就被凸显。而颜元进一步反对读书，其逻辑也是沉溺书本而脱离实践的危害。

那么，什么样的实践能够形塑优良的人性？颜元给出的解答是礼乐。他认为"习行礼、乐、射、御之学，健人筋骨，和人血气，调人情性，长人仁义"[③]。具体而言，颜元将"三事三物"的实践修习作为塑造完美人性的最佳途径。"三事"源自《尚书·大禹谟》中的正德、利用、厚生，"三物"指的是《周礼·大司徒》所阐发的"乡三物"，包括六德（知、仁、圣、义、忠、和）、六行（孝、友、睦、姻、任、恤）和六艺（礼、乐、射、御、书、数）。而且颜元在自己设立的漳南书院中亲历亲行，不再以书本教育为主，而肯定了以礼乐实践为主的教育方式。而三代以及原始儒家所倡导的礼乐实践，是其模仿的范本。

① （清）颜元：《颜习斋先生言行录·刚峰第七》，载（清）颜元《颜元集》，王星贤、张芥尘、郭征点校，中华书局1987年版，第646页。

② （清）颜元：《颜习斋先生言行录·刚峰第七》，载（清）颜元《颜元集》，王星贤、张芥尘、郭征点校，中华书局1987年版，第646页。

③ （清）颜元：《颜习斋先生言行录·刁过第十九》，载（清）颜元《颜元集》，王星贤、张芥尘、郭征点校，中华书局1987年版，第693页。

颜元强调实践，除了注重人性可以被人的实行所改造陶冶外，必然会提升政治理论在其学说中的地位。因为相较于人性，社会事物更明显地是由人的实践所塑造改变的。颜元将三代作为政治实践的典范，聚焦于井田、封建、学校三个方面。封建有利于长治久安，井田有利于矫正社会贫富悬殊问题，而在学校方面颜元则依然强调了实践实行教育的重要性。

（二）颜元实践观和心学“知行合一”实践观的区别

颜元将“气一元论”中实践的一面充分地发挥。众所周知，阳明心学也强调实践的重要性，王阳明的“知行合一”说影响甚巨，但笔者认为，颜元的重实践和王阳明的知行合一理论有着根本的不同，其带来的思想影响也迥异。王阳明的知行合一理论是对朱熹“心外求理”的反动。因为在程朱理学中，理是客观存在的，所以朱熹可以将知和行分割，以单纯认识论的角度探求理。而王阳明主张“心即理”，道德的标准在于本心的良知，本体和工夫合二为一，道德实践和道德认知便不可能割裂，因为良知是知和行统一的主宰。因此，在阳明心学处，之所以重视实践，是因为实践是本心良知的自然结果。而颜元的“气一元论”的背景，其重实践的原因则正好相反，颜元把实践作为形塑人性与社会事物的手段，人性是通过实践改造的。因此，相较于阳明心学的知行合一，颜元的实践论更强调了人的主动性、能动性。而颜元的实践比王阳明的“行”范围更要宽广，涉及了包含人伦日用在内的所有社会事物。其理论结果必然是对政治改革的强调。而阳明心学的实践观难以达致对人性和社会的改造的高度上。颜元实践观中对人性可变易、人性是通过人自己实践改变的、对社会政治事务的强调等方面是其气一元论哲学的必然发展结果。颜李学派虽然在清初后继无人，但在清晚期的今文经学代表戴望处得以重新光大，这并非偶然。颜元的实践论，其理论结果必然是对政治改革的强调，这和春秋公羊学派有着极强的亲和力。

（三）复古之弊：颜元气一元论中历史维度的缺失

然而，颜元“气一元论”哲学虽然发展出了丰富的实践思想，但其实践观念却是超历史的。颜元否定了理的超验存在，认为人性由人的实践所塑造。但是颜元与戴震、王夫之等气一元论的其他代表相比，颜元更为强调了人的认知、改造能力，而较少涉及人本身的情感欲望。正因此，颜元的实践理想仍然带有“不近人情”的倾向。所以，颜元的理论也难以做到历史地看待人性。他认为三代的道德、礼仪、政治实践是最为完美的，因为在三代和孔子那里，“学”和“习”是统一的。所以颜元把历史的下降归结为思想史的堕落。他如同一般的大多数儒者，将三代视为理想的黄金时代，只不过颜元认为三代的可贵在于其“习”与“学”的统一。他指出：

> 唐虞之儒，和三事、修六府而已；成周之儒，以三物教万民宾兴之而已，六德即尧舜所为正德也，六行即尧舜所为厚生也，六艺即尧舜所为利用也；孔门之儒，以四教教三千人而已。文即六艺，行即六行。[①]

因此，颜元和同样主张气一元论的王夫之的三代观就大为不同。王夫之承认“器”在“道”先，因此随着“器”的变易，就不可拘泥照搬于三代之道。而颜元虽然也只主张气的一元存在，但他将三代的“器”视为典范般的存在，将历史变迁所带来的“器”的变易通通视为人类的堕落。所以颜元的气一元论虽然极度强调实践，却是缺乏历史维度的。

颜元将历史的变迁归结为思想史的堕落，他认为秦代焚书坑儒，导致了儒家经世学问的沦亡。到了汉代儒学复兴时，已经“圣学之体用残缺莫振”[②]，但是汉儒仍然保留了一部分孔子的实践精神，他指出：

> 宁使汉儒行世，犹虚七而实三也。即如“礼运”，虽未必尽出于圣人，句句敷理于事，丽文于行，学者体践其一二，皆足以康躬福

① （清）颜元：《寄桐乡钱生晓城书》，载（清）颜元《颜元集》，王星贤、张芥尘、郭征点校，中华书局1987年版，第439页。

② 侯外庐主编：《中国思想通史（第五卷）：中国早期启蒙思想史》，人民出版社1956年版，第334页。

世，即果滥觞也，不犹益乎？下至其训诂，亦多切于器物度数。①

然而到了魏晋隋唐时期，道家（教）、佛教的相继兴起，儒学中衰，重清谈、辞章的潮流相继兴起。佛、道二家思想又极度忽视实践，因此儒家重实践的优点于是沉寂。到宋代、明代理学家力图振衰起敝，复兴儒学，却借鉴采用了佛道的心性论、存在论，提倡静坐或顿悟的修身方式，完全没有继承先秦儒家重实践、实学的优点。颜元将宋儒的缺点概括为“宋人则有事外之理，行外之文，且牵释老附会六经四子中，使天下迷酩……致普地庠塾无一可用之人才，九州职位无一济世之政事”②。

既然人类的堕落，是距离实践越来越远的儒学堕落史所导致的。那么，在颜元的思想体系中，便会认为只要回到三代和孔子时的思想、实践的有机统一状态，就可以实现完美的人性和良善的政治秩序。所以颜元的思想便极易忽视社会历史的变迁，而其矛盾在于，社会历史的变迁正是“气”的重要组成部分。颜元将这种其统统归结于堕落的浅深而已，因而不予重视。他的一切主张都向三代看齐，无论是他“三事三物”的修身实践观还是井田、封建的政治理想都是以三代为蓝本，颜元尽管极力反对朱熹的理气二元论和其忽视实践的倾向，但二者的理论都欠缺了历史维度，都认为可以将三代作为所有历史时代可模仿的范本。只不过朱熹认为三代可贵在于其“天理”压倒了“人欲”，而颜元则认为其可贵在于其实践与实学而已。然而由于颜元的气一元论中历史维度的缺失，这种理想实践又与当时的社会政治现实太过遥远，单纯试图依靠古礼乐实践就能拯救人心与政治的堕落，未免太过单纯。因此其主张便显得迂腐陈旧。正如钱穆所深刻地指出的那样：

> 今习斋言经济，多混之以礼乐；言礼乐，多本之于古昔；言事物，亦以揖让升降、弦歌舞佾、衣冠金石为主，并未深发当时切用

① （清）颜元：《习斋记余·礼运》，载（清）颜元《颜元集》，王星贤、张芥尘、郭征点校，中华书局1987年版，第556页。

② （清）颜元：《习斋记余·礼运》，载（清）颜元《颜元集》，王星贤、张芥尘、郭征点校，中华书局1987年版，第556页。

之意。[①]

因此，颜元的实践只能处处以儒家经典所记载的礼乐习行为依据。他重视实践，但在怎样通过实践实现怎样的理想社会上，颜元缺乏想象力。总而言之，颜元重实践的气一元论思想最大的理论贡献就是他的“实践塑造人性”的主张，它体现了改造社会对于塑造更好的人性的必要性。尽管他在历史观上停滞不前，导致他实践学说中的实践内容迂腐陈旧；但他实践观的思想内核却被后来的气一元论思想家，特别是清中晚期的今文经学派思想家借鉴。“实践塑造人性”对于超越旧秩序，迈向新社会的重要意义毋庸多言。

四　政治来自人欲：戴震重情欲的气一元论及其影响

（一）儒家与人情欲望的重新关联

在清代，戴震[②]是一位对程朱理学中的理气二元论攻击最为激烈，而又公然高张欲望合理的哲学家，他的著作《原善》和《孟子字义疏证》可以说是对整个理学体系的清算。他的思想无疑深刻地影响了康有为、刘师培和章太炎思想体系的构建。

前文已经指出，程朱理学将性分为两种，一是“义理之性”，另一种是“气质之性”，并且认为只有“义理之性”是可以被称为性善的。戴震认为这种将空寂无形的“义理之性”置于包含着社会万象、人伦日用的气质之性之上的做法，本来就颠倒了儒家的基本准则。他明确指出“古贤圣之所谓道，人伦日用而已矣”[③]，因此，戴震将道视为人的自然感情与需要的结果，而儒家的种种准则，如仁、义、礼，也是人的感情需要得以实现和规范的必要条件，因此不能脱离人伦日用：“于人伦日用行之无失，如是之谓仁，如是之谓义”[④]，因此，程朱将仁义置于空寂无形的

① 钱穆：《中国近三百年学术史》，商务印书馆1997年版，第214页。
② 戴震（1724—1777），字东原，清中叶乾隆年间思想家、训诂学家。
③ （清）戴震：《孟子字义疏证》，何文光整理，中华书局1982年版，第45页。
④ （清）戴震：《孟子字义疏证》，何文光整理，中华书局1982年版，第45页。

“理”之下，是背离了儒家的本旨，而戴震认为其显然受了道家和佛家抛弃人伦日用而空谈道的影响。

戴震明确地把性全归于宋儒所说的“气质之性”，把性的本质归于“血气心知”，这意味着他把人的生理需求与欲望情感视为性的全部。他强调“凡有血气心知，于是乎有欲，性之征于欲……既有欲矣，于是乎有情……既有欲有情矣，于是乎有巧与智”[①]。因此戴震对性的界定完全归于唯物主义，是“气的哲学”的高张。戴震作为汉学的代表人物，对程朱理学的核心概念“理”进行了词源学上的批驳，认为理是不同事物之间的关系、区分以及各自的规则，求理就是对事物的条分缕析，他在《孟子字义疏证》开篇即强调“理者，察之而几微必区以别之名也”[②]，因此他将理从存在论的高度拉低到了认识论上。

这种唯物的人性观必然使戴震采取对人的欲望的肯定态度。朱熹认为理被人欲所蔽，因此要探求理必须超脱物欲的限制，而戴震则反驳即使超脱于欲外，也未必能见理：“有生而愚者，虽无欲，亦愚也”[③]。戴震将儒家的道与人的欲望直接联系，明确提出“圣人顺其血气之欲，则为相生养之道”[④]，因此儒家的仁、义、礼、智等道德规范，都是由人的欲望所导出的，因为这些道德规范，都是有关人的私人生活与公共生活的法则，法则依赖于包含人伦日用的日常欲望（欲，其物。理，其则）。戴震明确地说：“仁义礼智非他，不过怀生畏死，饮食男女。”[⑤] 在戴震的政治哲学中，也将顺遂百姓的欲望作为王道的基础：“圣人治天下，体民之情，遂民之欲，则王道备”[⑥]。

基于此，戴震发出了对理学传统“重理轻欲”倾向批判的最强音。他痛斥理学忽视人的自然需要，导致了政治上忽视民瘼的祸害。他指出：

---

① （清）戴震：《原善》，载（清）戴震《孟子字义疏证》，何文光整理，中华书局1982年版，第64页。

② （清）戴震：《孟子字义疏证》，何文光整理，中华书局1982年版，第1页。

③ （清）戴震：《孟子字义疏证》，何文光整理，中华书局1982年版，第9页。

④ （清）戴震：《孟子字义疏证》，何文光整理，中华书局1982年版，第18页。

⑤ （清）戴震：《孟子字义疏证》，何文光整理，中华书局1982年版，第29页。

⑥ （清）戴震：《孟子字义疏证》，何文光整理，中华书局1982年版，第9—10页。

> 今既截然分理欲为二，治己以不出于欲为理。治人亦必以不出于欲为理。举凡民之饥寒愁怨，饮食男女，常情隐曲之感，咸视为人欲之甚轻者矣。①

“存天理，灭人欲”对君子修行提出了过高的要求，进而还导致社会风气的虚伪和欺诈：

> 以无欲然后君子，而小人之为小人也依然行其贪邪……此理欲之辨适足以穷天下之人尽转移为欺诈之人，为祸何可胜言也哉。②

戴震最大的贡献正在于明确地将人情欲望与儒家思想重新关联。戴震肯定了儒家的道是从人情欲望中产生的，而不是从超验的“理”这种教条诞生的。尽管王廷相、王夫之等的明末清初气一元论思想中已经奠定了肯定人情欲望的思潮倾向，但在戴震这里得到了充分而明确的论述，并与理学传统直接进行交锋。

（二）戴震气一元论中静态认识人性的局限

但戴震不是一味赞同顺从欲望，他认为应该节制欲望而不使其泛滥，这正是理的必然法则。他强调“穷人欲而至于有悖逆诈伪之心，有淫佚作乱之事，譬则洪水横流，泛滥于中国也”③。因此，必然需要各种道德规范对欲望进行节制。而在戴震看来，各种道德规范虽然不能够脱离人的本性与欲望，但是之所以人有完备的道德规范而动物没有，是因为人有强大的认识能力，他强调“人则能扩充其知，至于神明，仁义礼智无不全也”④。因此，戴震将人的认识能力置于最重要的地位。他承袭了孟子的“性善”说，但其解释路径却和孟子大相径庭，孟子是从人的情感本能论证性善，而戴震则从人的认识能力论证性善，正因为人的认知能

① （清）戴震：《孟子字义疏证》，何文光整理，中华书局1982年版，第58页。
② （清）戴震：《孟子字义疏证》，何文光整理，中华书局1982年版，第58页。
③ （清）戴震：《孟子字义疏证》，何文光整理，中华书局1982年版，第10页。
④ （清）戴震：《孟子字义疏证》，何文光整理，中华书局1982年版，第28页。

力大于动物，所以具备礼义。按照胡适的阐释，这是从自然返回到了必然[①]。因此在戴震的人性理论中，认识能力不可或缺，故而他将人性划分为欲、情、知三个部分。而只有在“知”这一认识能力的前提下，“欲”和“情”才能达到和谐的实现，他认为人的认识能力“小之能尽美丑之极致，大者能尽是非之极致”[②]。进而，戴震将个人道德的失范归结为私和蔽，而蔽则是对事物规律认识的不足。他认为“恶私之害仁，恶蔽之害智。不私不蔽，则心之精爽，是为神明”[③]。戴震对于心知作用的极度重视，在他的哲学体系中占有重要地位。虽然戴震高举孟子的旗帜，但他的儒学进路和荀子却极为相似。荀子虽然在人性观上持性恶论的观点，但荀子与戴震相似的是，都高张“心知”的认识作用。荀子强调“心者，形之君也，而神明之主也”[④]。在荀子理论中，礼之所以能够克服恶的性，也正是通过心的认识作用，他在《荀子·性恶》中认为：

> “涂之人可以为禹”，曷谓也？曰：凡禹之所以为禹者，以其为仁义法正也。然则仁义法正有可知可能之理，然而涂之人也，皆有可以知仁义法正之质，皆有可以能仁义法正之具，然则其可以为禹明矣。[⑤]

荀子和戴震都把达到道德境界的途径归于认识能力。因此，荀子的性恶论和戴震建立在认识能力上的性善论实际上是一致的。从表面上看，孔子、荀子和戴震理论中的“礼”都和人的情感欲望密切相关。但是，在孔子处，礼教是内在于个人的情感之中的，能够起到唤起人情，进而引导人情的作用。而在荀子和戴震处，礼教是从认识论出发，变成了纯粹客观的知识，它的必要性虽然是由人的欲望所带来的结果产生的，但与人情只是单纯的节制作用，因此它和人情是趋于对立的，这种礼教无

---

① 胡适：《戴东原的哲学》，上海古籍出版社 2014 年版，第 22 页。

② （清）戴震：《孟子字义疏证》，何文光整理，中华书局 1982 年版，第 41 页。

③ （清）戴震：《原善》，载（清）戴震《孟子字义疏证》，何文光整理，中华书局 1982 年版，第 74 页。

④ 《荀子·解蔽》。

⑤ 《荀子·性恶》。

疑带有冷冰冰的色彩。

（三）超历史的自然人性观和戴震气一元论的保守性

戴震强调心知认识的关键作用，但是他对于认识的对象，是以一种静态的方式观照事物。他将理界定为事物的条理和分理，这样就把“理”理解成了事物固有的规律，而这种规律是固定不变的。只有固定不变的规律才能够通过静态认识来得以发现，所以戴震特别强调“智于天地人物事为，咸足以知其不易之则”[①]。由此可见，戴震虽然致力于恢复人情欲望在儒家伦理学与政治学中的应有位置，但他眼中的人情欲望是不具备历史性的，因此通过对人情欲望的条理进行认识所得来的伦理政治准则也是万世普适的，所以也不具备历史性。戴震将经过礼义教化之前的自然情欲称为“自然”，而将理义熏陶后的状态称为“必然”。他把由“自然”向“必然”的演变过程理解为“欲者，血气之自然，其好是懿德也，心知之自然”[②]。正是因为缺乏历史维度，所以他才会使用“自然”和“必然”的概念。胡适用英文“the natural”来解释戴震的“自然”概念，其而戴震的“自然”概念已经十分接近西方自由主义政治哲学中的自然状态学说。自然状态学说也是以承认人的自然情欲为其政治理论的起点，以自然状态中的人与人间的欲望冲突失序为政治秩序建构的必要理由。霍布斯和洛克的政治学说正是以缺失历史维度的自然状态为起点，这一点与戴震是相同的。而与戴震思想有相似结构的荀子学说中，更为明白地体现了“礼”的“类自然状态”式起源。荀子这样论证礼的来源：

> 礼起于何曰：人生而有欲，欲而不得，则不能无求，求而无度量分界，则不能不争。争则乱，乱则穷。先王恶其乱也，故制礼义以分之，以养人之欲，给人之求。[③]

---

① （清）戴震：《孟子字义疏证》，何文光整理，中华书局 1982 年版，第 31 页。

② （清）戴震：《孟子字义疏证》，何文光整理，中华书局 1982 年版，第 19 页。

③ 《荀子·礼论》。

荀子把欲望引起的纷乱失序作为礼的起源，这就与自然状态学说中政治社会的起源理论极为相似。戴震虽然没有如荀子这般彻底，但他也强调“穷人欲而至于有悖逆诈伪之心，有淫佚作乱之事，譬则洪水横流，泛滥于中国也”[①]。这体现了戴震哲学虽然披上了孟子的面纱，但其理论架构和荀子是极为相似的。

在以孔子、孟子为代表的儒学传统中，未曾出现过类似于通过自然状态假设来论证政治秩序的政治思想。而在荀子和戴震思想中，却出现了类似西方自由主义的自然状态学说，这并不是一个偶然的现象。在孔子传统中，礼义是圣人为人情有所表现而制作[②]。礼更多的是人情的体现，因此礼乐特别注重具体环境而非具有普适性的假设条件。

孔子强调中道，中道正是在具体环境中的适宜。[③] 因此孔子和孟子也特别强调权变。孟子认为“叩其两端而执中，执中无权，犹执一也”[④]。权变的重要性正体现了儒家的礼义是根据人情的具体情况而适用的。虽然在孔子和孟子的思想中并没有成熟的历史哲学，但权变和中庸为儒家诞育自己的历史哲学提供了基础，因为礼是可以根据具体历史情境而变化的。

戴震表面上也重视权的作用，它攻击宋代理学中“理”的超验性所导致的失去“权”的现象（“孟子言‘执中无权’，后儒又增一‘执理无权’者矣”[⑤]）。但戴震的“权”却和孔孟儒学中“权”的含义有所差别。在孔子和孟子处的“权”更多是指权变，即在具体环境下礼义应用的变通。而戴震思想中的“权”，更多的是指权衡比较，是一种静态下事物的不同条理之间的关系。戴震的“权”不是基于人情在不同环境下的调适，而是基于认识论上对事物的辨析。因此他说“权，所以别轻重。谓心之明至于辨察事情而准”[⑥]。尽管戴震作为儒家思想的成员，不得不承认事

---

① （清）戴震：《孟子字义疏证》，何文光整理，中华书局 1982 年版，第 19 页。

② 洪涛：《心术与治道——荀子心性论研究》，载洪涛《心术与治道》，上海人民出版社 2013 年版，第 47 页。

③ 洪涛：《〈论语〉之政治学——“为政以德”章释义》，载洪涛《本原与事变：政治哲学十篇》，上海人民出版社 2009 年版，第 67 页。

④ 《孟子·尽心上》。

⑤ （清）戴震：《孟子字义疏证》，何文光整理，中华书局 1982 年版，第 54 页。

⑥ （清）戴震：《孟子字义疏证》，何文光整理，中华书局 1982 年版，第 57 页。

物的轻重关系会发生变化，进而产生“权”的必要，但是“重者于是乎轻，轻者于是乎重”[①] 的现象在戴震静态的认识论哲学体系中是无法得到解释的。

因此，在戴震理论中，虽然高张人类情感欲望的合理性，但他将人的情感欲望视为一种固定不变的本性，他无意于解释这种人类欲望是怎样产生的，也无意于解释这种欲望是否会变化，更无力于解释如何改造这种欲望。正因为在他的理论体系中这种人性是变动不居的，所以强调静态的认识的方法，只有通过静态地认识人情欲望，才能找到对欲望进行管束以防止其失序的礼教方法。

因为戴震把人的人情欲望视为超历史的、千古不易的存在，所以戴震认为儒家经典中的义理对于无论哪个时代，都是适用的。他在《题惠定宇先生授经图》中提出：“故训明则古经明，古经明则贤人圣人之理义，而我心之所以同然者，乃因之而明。贤人圣人之理义非它，存乎典章制度者也。”[②] 因此，他把探究儒家经典中的义理、典章、制度视为不变的典范。戴震把对“道”的寻求寄托于对儒家六经进行研究。而对六经进行研究又以训诂学为基础。他在《与是仲明论学书》中指出训诂学的意义在于“经之至者道也，所以明道者其词也，所以成词者字也。由字以通其词”[③]。所以戴震作为一代汉学大师，其训诂研究的哲学基础正是在此。

戴震没有从历史演变的角度看待人的血气心知，而是将其视为千古心之所同然的存在，既然人的血气心知是固定的，这也间接导致了他忽视实践，忽视改造人的血气心知的可能性。从晚清的戴望，到民国早期的梁启超和胡适，都认为戴震的哲学直接受颜李学派的影响[④]，而笔者认为，戴震哲学和颜李学派各自发展了“气的哲学”中重人情欲望和重实践的两个维度，他们的哲学之所以相似，是强调气一元论的共性所致，而未必是戴震继承颜李学说的结果。戴震不重视气一元论实践层面，过

---

① （清）戴震：《孟子字义疏证》，何文光整理，中华书局 1982 年版，第 52 页。

② （清）戴震：《戴震文集（卷十一）》，香港中华书局 1974 年版，第 168 页。

③ （清）戴震：《戴震文集（卷九）》，香港中华书局 1974 年版，第 140 页。

④ 胡适：《戴东原的哲学》，上海古籍出版社 2014 年版，第 13 页；另参考（清）戴望《颜氏学记》，中华书局 2009 年版，第 2 页。

于强调认识和学的作用。在这点上，是和颜李学派大相径庭的。许多学者发现，戴震思想与中国近代自由主义思潮有着密切的关联。吴根友认为，戴震哲学中的“分理”“必然”思想都与自由主义中的自由和自律有着密切关联，戴震“欲而不私”的思想与边沁、密尔等的功利主义式的自由主义相似[①]。而作为近代自由主义思想代表的胡适之所以如此重视戴震，是因为戴震强调认识的首要重要性，和胡适思想中用科学家求知求理的态度和方法来应付人生问题是极为相似的。笔者认为，戴震思想之所以与自由主义有亲和性，是因为戴震强调认识、学，旨在防止人情欲望的失序，而非对人情欲望的改造。缺乏实践层面，也使得戴震的学说发挥到政治层面时，倾向于对现实秩序的修补和约束，而非对现实秩序进行改造。如果引而申之，用他的思想架构理解近代社会，将会产生对市民社会的既有结构进行承认的政治哲学，因此也容易与自由主义政治哲学产生亲近的关联。

日本学者山井涌认为，戴震哲学是“气的哲学的完成”[②]，也意味着戴震思想的成熟，是儒家中“气一元论”的集大成者。而笔者认为，“气一元论”的思想，其导致的思想结果，有重人情欲望、重实践、历史主义三个重要方面。戴震无疑将其中重人情欲望的倾向发挥到了登峰造极的地步，但是他的思想中，人情欲望是超历史的，他强调认识的重要性而忽视实践的重要性。所以戴震对气一元论哲学的社会政治结果的发挥，尚不能达到集大成的程度。正是因为其气一元论思想缺乏历史维度和实践倾向，从这个角度看，他的思想与自由主义政治哲学更为亲近，而尚不具备社会主义思想所必备的所有要素。

但也不可忽视的是，近代社会主义思想的一个前提就是对人情欲望的肯定。而戴震明白地将道与人伦日用的关联宣示，也的确为晚清社会主义思想的勃兴提供了必要的基础。康有为、刘师培的思想中，无一不受戴震思想的影响。因此他的气一元论中重欲望人情的思想层面，也确

---

① 吴根友：《戴震伦理学中的自由思想申论》，《武汉大学学报》（哲学社会科学版）1999年第4期，第55—60页。

② ［日］山井涌：《戴震思想中的气》，载［日］小野泽精一、福永光司、山井涌等编著《气的思想——中国自然观和人的观念的发展》，李庆译，上海人民出版社1990年版，第752页。

乎为晚清社会主义思潮的勃兴提供了必备的养分。在本书的后半部分，将重点讨论刘师培的无政府主义的社会主义思想，刘师培是扬州学派殿军，而扬州学派又深受戴震气一元论影响。刘师培的无政府主义，其哲学存在论基础是戴震气一元论思想同阳明心学实践论结合的产物，刘师培的无政府主义思想的独特之处，和戴震气一元论有着密切的关系。

五　气一元论在明清社会和儒家文化圈内的广泛影响

（一）日本儒家气一元论与日本的近代化

气一元论儒学对实践、人情、历史的重视，本章已经详加论述。这里要补充说明的是，这并不是中国思想界独有的现象。在深受儒家文化影响的日本江户时期，气一元论对朱熹理学的批判也几乎同时兴起，其在社会政治方面的影响也与中国清代相似。尤其以伊藤仁斋和荻生徂徕为代表。伊藤仁斋主张的“情即是道，欲即是义，何恶之有”①，和戴震相似；伊藤仁斋还认为“若使圣人生于今之世，亦必因今之俗，用今之法”②，同王夫之以及下章将要论述的章学诚类似。这种中日气一元论社会政治学说的相似是气一元论的逻辑导致的。丸山真男在其名作《日本政治思想史研究》中认为气一元论在江户时期的发展，奠定了日本明治时期近代化的基础和基调。而本书的工作与之类似，也是试图在晚清近代化的思潮和明清气一元论的发展中，发现其联系。

（二）气一元论对理学的反动在明清文学中的反映

这里还要指出，气一元论的兴起以及其对理学中“理”的先验性和不近人情之处的批判，不只是一个儒学思想界内部的问题，也不局限于学者的理论阐发。它在明清时代当然也有其社会基础。限于篇幅，本书不能详加讨论。但是，这种社会基础可以体现在表现时代精神的文学作

---

① ［日］伊藤仁斋:《童子问》，转引自［日］丸山真男《日本政治思想史研究》，王中江译，生活·读书·新知三联书店2000年版，第37页。

② ［日］伊藤仁斋:《童子问》，转引自［日］丸山真男《日本政治思想史研究》，王中江译，生活·读书·新知三联书店2000年版，第37页。

品中。明清的戏曲和小说中也存在气一元论提倡自然人情的精神。在明代的《牡丹亭》中，汤显祖提出“自非通人，恒以理相格耳！第云理之所必无，安知情之所必有邪！”①，这种用“情”和程朱理学的“理”相抗衡的思想，和气一元论是一致的。清代曹雪芹的小说巨著《红楼梦》也是以“情”为主题的，小说中主人公贾宝玉所说的“除‘明明德’外无书，都是前人自己不能解圣人之书，另出己意混编纂出来的”②。说明了作者对朱熹理学对儒家原本基于人情的基调破坏的反感，这也是和气一元论思想相近的。曹雪芹和戴震是同时代人，文学作品的倾向体现出气一元论思想在明清时代的社会土壤。

六　小结

程朱理学在南宋之后成了中国的正统思想，但是程朱理学中先验性的“理”破坏了先秦儒学从自然人情出发的精神，因此也就破坏了儒学和社会主义之间潜在的亲和因素。

气一元论正是在试图对此“拨乱反正”，恢复儒学原初的精神而兴起的，它强调“气”在存在论中的唯一地位，因此承认了“道”是从人的社会存在中产生的而非相反。经过从明代到清代中期的发展，气一元论儒学的社会、政治层面发展出了重实践、重人情的两个维度。明清之交的王夫之初步发展出了这两方面的倾向，清代的颜元和戴震则分别系统地论证了这两个维度。重人情意味着社会政治制度规范应该符合人的自然情感欲望，重实践意味着人的本质是由人的实践所造就的环境决定的，因此人应该改造社会的环境以造就更符合人的全面发展要求的社会。当然，笔者还需指出，在农业社会中，这种思想和社会主义思潮是没什么关系的。但笔者认为，当这种气一元论思想与现代工业社会相遇时，它的社会政治学说就会亲和于社会主义。这也是本书后半部分所要讨论的

① （明）汤显祖：《牡丹亭》，徐朔方、杨笑杨校注，人民文学出版社 2005 年版，作者题词。

② （清）曹雪芹、（清）高鹗：《红楼梦》，俞平伯校；启功注，人民文学出版社 2000 年版，第 200—201 页。

康有为和刘师培社会主义思想的本土思想基础。

在本章的论述中，颜元和戴震分别发展了气一元论的实践、人情两个维度，但由于他们分别只重其一，因此各自存在着局限性。只有将两个维度有机地结合起来，气一元论才能为社会主义思想真正奠定其基础，而且在颜元、戴震那里，历史观仍然是静态僵化的，他们的历史观还没有在气一元论的逻辑下继续发展。僵化的历史观不利于对新社会的构想。下一章就将讨论气一元论所带来的历史演化理论的兴起，以及嘉庆、道光年间在今文学派，尤其是龚自珍的思想中对气一元论的综合，从而为晚清思想家迈向社会主义思潮奠定了更坚实的思想基础。

第四章

历史演化理论的兴起
——气一元论历史维度的拓展与康有为历史进步论的来源

> 君子苟有志于学，则必求当代典章，以切于人伦日用。①
>
> ——章学诚《文史通义》

正如前文所述，在清代儒学内部，气一元论的发展使得儒学对人的情感欲望和人的实践变得愈发重视，从而为晚清社会主义思想的勃兴奠定了思想基础。然而，不可忽视的是，儒学中一直存在“仁”和“礼”之间的张力。仁植根于人的基本情感，面向共同体的塑造，可以适用于各个时代，因此和社会主义有着亲和力，晚清的谭嗣同、康有为和刘师培无不致力于“仁”的涵义的现代转化。而“礼”本来也植根于人情，但儒家的礼依托于三代的时代背景，随着以《五经》为代表的儒家经典的神圣化，人的人伦关系、身份差别、阶层差别不断固化，因此和社会主义之间的矛盾比较突出。前文已述，作为气一元论代表的颜元、戴震分别在高张人情、实践的理论上有重要贡献，但他们也不能摆脱固守《五经》的窠臼。颜元的实践观是对古礼的模仿回归，因此只能是“以礼代理”；戴震以重返《五经》的方式来实现“从自然至必然”。可见，“礼”的教条阻碍了气一元论向构想理想世界方向的探索。

由于礼本于人情，而人情本非僵化之物，所以在儒家精神中，礼本

① （清）章学诚：《史释》，载（清）章学诚撰《文史通义校注》，叶瑛校注，中华书局2014年版，第216页。

不应是死板教条的存在。由于礼载于《五经》之中，而《五经》依托于三代的政治实践，所以历史进化观念对于破除礼的教条有着至关重要的作用。然而在早期儒家思想中，缺乏历史观念，秉持着一种历史循环的观点。这尤为体现在“三代意识”中。

一　历史循环论：模仿自然秩序的政治秩序

德国哲学家雅斯贝尔斯（Karl Jaspers）曾对“是古非今”的历史循环观念进行了分析，指出了其中的三种涵义。第一，“我们领悟到了万事万物的生成与湮灭、消逝和自我轮回，都是无限时间中的无限过程，而且都是一种机遇，它在整个事件中是毫无意义的，从这种观点来看，就无所谓什么精确的历史了。”① 这指出了历史的无意义处；第二，“若从生命过程来看，人只不过是动物的一种。人散居在整个地球表面上，这是别的生命形式所没有的现象”②，这说明在古典思想中，尚无法将社会生活规律和自然规律区分；第三，“从整体看，人类是一个生命过程。他生长、开花、成熟，然后就衰老、死亡。人们认为这不仅是人类的过程，同时也是人类文化（前后、左右）多重的过程。”③ 这指出了在古典思想中，认为社会生活受到“命”的不可控因素制约，因此人类实践的作用有限，如同生老病死等无法左右。

由此可见，由于在古典时代建立在生产力低下的经济基础之上，农业社会受到自然的制约，人类难以控制自己的命运，因此认为社会生活规律和自然规律是同一的，都受不可控因素制约，而静态的自然观又导致了历史循环论。这正是历史循环论的根源所在。在历史循环论看来，“道”不存在于历史之中，而植根于自然之上。这不仅仅是中国古典思想的现象，在西方也同样存在。古希腊思想中的历史观念也是生生灭灭不

① ［德］雅斯贝尔斯：《论历史的意义》，载［英］汤因比等《历史的话语：现代西方历史哲学译文集》，张文杰编，广西师范大学出版社 2002 年版，第 54 页。

② ［德］雅斯贝尔斯：《论历史的意义》，载［英］汤因比等《历史的话语：现代西方历史哲学译文集》，张文杰编，广西师范大学出版社 2002 年版，第 54 页。

③ ［德］雅斯贝尔斯：《论历史的意义》，载［英］汤因比等《历史的话语：现代西方历史哲学译文集》，张文杰编，广西师范大学出版社 2002 年版，第 54 页。

断循环往复的，古典基督教思想强调的神意不可测和未来世俗世界的突然毁灭也导致否认进步的存在。正如洛维特所指出的“如果《圣经》和希腊人关于历史的思维在某个地方是一致的，那就是在没有进步的幻觉方面”①。在古希腊政治哲学中，历史也没有其位置。亚里士多德在《政治学》中强调城邦由于自然而存在。洪涛教授对此曾指出“希腊人对目的和手段关系的把握不是过程性的和时间性的，而是空间性的……这是一种“当下的目的论”，理想无需被推到遥远的地平线上，而是当下可致的”②。甚而直到西方近代的自然法和自然状态学说，如霍布斯、洛克等思想家，虽然其自然状态富有近代市民社会的特征，仍然将自然状态视为自古以来的状态。直到卢梭的《论人类不平等的起因与基础》中，才将“自然状态”和历史联系起来。

在中国古典思想中，将政治秩序视为对自然秩序的模仿的做法也是常见现象。道家最为强调以自然为准则，老子认为“人法地，地法天，天法道，道法自然”③。在儒家思想中，除了荀子强调将社会秩序与自然秩序分离，强调“制天命而用之”④ 外，大多数儒家思想家仍然强调天命的存在，孔子曾认为“唯天为大，唯尧则之”⑤。尽管在儒家观念上的天和道家的完全顺从自然秩序观念存在差别，但在大多数早期儒家思想家那里，仍然未将自然秩序和社会秩序分离。因此大多数儒者仍采取着历史循环论的历史观念。譬如孟子所言的“五百年必有王者兴”⑥。到了汉代，随着儒学汲取阴阳家的思想，更为强调天命的作用。尤其是董仲舒⑦的天人合一、天人感应学说，更将自然和社会联系为一个整体。董仲舒提出“人副天数”，认为“人之形体，化天数而成；人之血气，化天志而

---

① ［德］卡尔·洛维特：《世界历史与救赎历史》，李秋零、田薇译，商务印书馆 2016 年版，第 246—247 页。

② 洪涛：《逻各斯与空间：古代希腊政治哲学研究》，上海人民出版社 2000 年版，第 274 页。

③ 《老子·第二十五章》。

④ 《荀子·天论》。

⑤ 《论语·泰伯》。

⑥ 《孟子·公孙丑下》。

⑦ 董仲舒（前 179—前 104），西汉武帝时期儒学大师，今文学派和春秋公羊学重要代表，同时以其天人感应学说著称。

仁；人之德行，化天理而义；人之好恶，化天之暖清；人之喜怒，化天之寒暑；人之受命，化天之四时。人生有喜怒哀乐之答，春秋冬夏之类也”①。这几乎把人视为天的副本，因为泯灭了社会秩序和自然秩序的差别，所以董仲舒强调“天不变，道亦不变”。强调道根植于自然，和历史进程无关。他的历史观是非常典型的循环论。

宋明理学兴起之后，不再继续主张汉代儒学中具有人格化特征的“天”，而是转向了抽象的、具有形而上色彩的“理”。但是，“理”仍然是超历史的存在。朱熹认为“未有天地之先，毕竟也只是理，有理，便有这天地”②。并且认为理不依赖人的感性存在、社会存在。因此理是超验、超感性的，自然不依赖时间而存在。社会的变迁不能改变“理”的涵义。因此“理”较之于汉儒那里人格化的“天”更为僵化。理学和以道义置于历史之中的历史哲学更为不能相容。

二　道义置于历史之中：气一元论与历史演化思想的关联

将道义置于历史之中的历史哲学，是首先在近代西方兴起的。在很多西方思想家眼里，历史演化论是西方文明的产物。西方近代文明是以基督教为代表的希伯来文明和古希腊文明相结合的产物。洛维特认为，西方近代历史哲学深受这种基督教—希腊文明结构的影响。基督教具有末世论的历史神学，本和世俗社会中的历史无关，但在近代西方，它却和希腊文明中的现世取向结合起来，形成了把自己对一个“更好世界”的希望寄托在物质创造和物质福利之上的“基督教世界”③，进而产生了以终极实现为导向的历史进步论。总之，在洛维特看来，历史进步论是基督教末世天国观念和世俗化人文观念相结合的产物。而中国文化中很显然未曾出现这样的末世论主张，所以难以出现历史进步论的历史哲学。

---

① （汉）董仲舒：《春秋繁露·为人者天第四十一》，载（清）苏舆撰《春秋繁露义证》，钟哲点校，中华书局2019年版，第281页。

② （宋）黄士毅编：《朱子语类汇校》，徐时仪、杨艳汇校，上海古籍出版社2016年版，第1页。

③ ［德］卡尔·洛维特：《世界历史与救赎历史》，李秋零、田薇译，商务印书馆2016年版，第250页。

韦伯认为，儒教是众多思想中和现世最为亲和的。他指出“那种把对现世的紧张关系，无论在宗教对现世的贬低还是从现世所受到的实际拒绝方面，都减少到最低限度（在意图上）理性的伦理，就是儒教”[①]。在儒家看来，“现世是一切可能的世界中最好的世界”[②]。儒家现世的、亲和的特点则与历史哲学有矛盾。

在晚清（尤其是甲午中日战争之后）中国思想中，历史进步论异军突起，成了思想界的主流。在一般观点看来，中国思想出现历史进步论的倾向，和严复翻译赫胥黎的《天演论》有关。严复将这种强调“物竞天择，适者生存”的社会达尔文主义的进化论引进中国，尤为适应处于亡国灭种危机之中中国知识分子的需求。但是，也应看到，这种社会达尔文主义的进化论仍然使得社会规律归属于自然规律之中，只不过在这种思想下，自然不再是静态的存在。在这种进化论中，处于自然选择过程的人没有自己的主体性，和“道”也无关系。因此它和近代社会主义思潮的关系并不密切，仔细审视的话，康有为、章太炎等思想家的进化观念与这种社会达尔文主义进化论有着较大区别，因此近世社会主义的进化观念有异于社会达尔文主义的进化论；另一方面，将进化论的兴起单纯视为西方思想的引入，容易陷入冲击—反应模式的窠臼。一种外来思想在本土的兴起，往往有赖于本土已有的思想倾向。笔者认为，需要从整个清代思想史的演变来考察进化论兴起的土壤。

笔者认为，上述西方思想家认为中国思想（尤其是儒学）缺乏历史哲学的分析过程中的问题在于，它将儒学视为一种统一的、固定的思想传统，因此忽视了儒学内部不同的流派和演变规律。从汉代儒学和宋明理学来看，儒家似乎确实排斥一种道义在历史之中的历史哲学，但这并不意味着儒家哲学的各种要素都与历史演化理论不相容。尤其在清代，随着在汉学为外表下“气一元论”哲学的兴起，其对待历史的态度发生了转变。列奥·施特劳斯（Leo Strauss）曾指出，西方哲学在十六世纪时转向历史，是为了从超验的规范或理性中挣脱出来。譬如培根就主张用

---

① ［德］马克斯·韦伯：《儒教与道教》，王容芬译，商务印书馆 2004 年版，第 280 页。

② ［德］马克斯·韦伯：《儒教与道教》，王容芬译，商务印书馆 2004 年版，第 280 页。

归纳的方法总结历史规则，并以其指导实践，进而顺应历史规则[①]。笔者认为，自明末清初以来的气一元论思想家的思想中，存在着与此相似的思想历程。他们尤着力于批判理学中超验存在的“理”，而把理归为事物之中的“条理”（如戴震哲学），强调“道”蕴于具体事物之中。而具体事物，包含了人类社会事物在内，显然不是超时间的存在，而是处于不断的变化之中。基于具体事物的“道”因此也具有变化的可能，因此为“道义在历史中”的历史演化论提供了可能。

在明末清初，黄宗羲虽继承了自王阳明、刘宗周一脉的心学思想，但是黄宗羲相较于之前心学着力向内的特点，已明显不同。他主张“心无本体，工夫所至，即其本体。故穷理者，穷此心之万殊”[②]。这体现了黄宗羲同之前心学重视“本体”的差异。黄宗羲重视“工夫”甚于“本体”。钱穆指出，“从来言心学多讲本体，而此则重工夫……从来言心学多讲重其相同，而此则变言万殊。”[③] 黄宗羲虽然仍在心学一脉中，但他强调“即体即用，即工夫即本体”[④]。这说明黄宗羲认为义理应该源自气质，因此反对空谈心性，他的思想和气一元论有了很多共通之处。他更是明确地指出“器在斯道在，离器而道不可见”[⑤]。当“道”“理”都不再是超验的、教条的本体存在时，那么实际上就承认了历史演变的可能性，承认了人性的不断变易，进而承认了“道”应以当下社会的人性作为根基，以此树立政治准则，由于人性不断变易，建立在古代人性上的“道”应用到当代，必带来危害。因此黄宗羲将历史与经学放在同等重要的因素上：“欲免迂儒，必兼读史。”黄宗羲作为浙东学派的奠基人，他的这种思想倾向直接影响到了章学诚。

“不离器而言道”、重视历史的思想特征不是黄宗羲所独有的。在同时期的思想家中都十分普遍。与黄宗羲同时代的王夫之也鲜明地指出，没有脱离具体事物而存在的道。他提出：“天下惟器而已矣，道者器之

---

① ［美］列奥·施特劳斯：《霍布斯的政治哲学：基础与起源》，申彤译，译林出版社 2012 年版，第 110—111 页。

② 《黄宗羲全集》（第七卷），浙江古籍出版社 1985 年版，第 3 页。

③ 钱穆：《中国近三百年学术史》，商务印书馆 1997 年版，第 29 页。

④ （清）黄宗羲：《明儒学案》，中华书局 2008 年版，第 7 页。

⑤ 《黄宗羲全集》（第十卷），浙江古籍出版社 1985 年版，第 51 页。

道，器者不可谓之道之器也。”[①] 王夫之还提出作为器（具体事物）的规律的“道”，不只是认识论的问题，而且和实践密切相关。“道”所认识的事物是人实践的结果，他认为“无其器则无其道……今日无他年之之道者多矣，未有弓矢而无射道，未有车马而无御道”[②]，反对“泥古过高，而菲薄方今，以蔑生人之性”[③]。清初以强调实践著称的颜元主张不能抽象地看待人性，认为人性是变动的、待塑造的。颜元主张通过主动塑造环境来改造人心，使人心人性达到理想的境地。他强调：“人心，动物也。习于其事，则有所寄而不妄动。故吾儒时习力行，皆所以治心。”[④] 清中叶的戴震主张儒家的“道”是从人情欲望中产生的，而不是从超验的“理”这种教条诞生的。无论是王夫之、颜元还是戴震，虽然思想主张有所不同，也未必有思想交流上的联系，但基本都秉持着“气”的哲学主张，反对“离器言道”，从而为清代儒家历史演化理论的产生奠定了哲学基础。而在气一元论儒学基础上，第一次系统地论证“道义在历史中”的历史哲学的则是章学诚。

三　“不离器而言道”：章学诚对历史演化理论的开拓和古文经学范式的局限

（一）不断变易的“器”：“六经皆史”与气一元论思想

章学诚的“六经皆史”说可以称得上是清代思想史上最著名的论断之一。有学者认为，章学诚的代表作《文史通义》是中国两千年来唯一的历史哲学专著，而章学诚是唯一对历史进行哲学性思考的史学家。这诚然有夸大的地方（譬如上章已经指出，气一元论的早期代表王夫之已经对历史的发展变革有了哲学上的分析），但章学诚确实第一次系统地把

---

① （清）王夫之：《周易外传》，载《船山遗书（第二册）》，中国书店出版社 2016 年版，第 133 页。

② （清）王夫之：《周易外传》，载《船山遗书（第二册）》，中国书店出版社 2016 年版，第 134 页。

③ （清）王夫之：《读通鉴论》，舒士彦点校，中华书局 2013 年版，第 579 页。

④ （清）颜元：《颜习斋先生言行录 · 刚峰第七》，载《颜元集》，王星贤、张芥尘、郭征点校，中华书局 1987 年版，第 646 页。

历史置于哲学本体论上进行分析，因此，笔者认为，“六经皆史”论不仅具有史学革命的意义，而且具有哲学革命的意义。毫无疑问，中国古代有着兴盛的史学传统，自西周共和行政以来就有系统的编年，自《春秋》以来就有完整的编年史，但历史学的作用局限在对既往的经验教训进行总结，所以“历史”本身是缺乏本体论内涵的。而章学诚的“六经皆史”说第一次系统地阐释了“道”不只是存在在“天理”和经典中，而且“道”依托于历史而存在。就传统而言，“六经皆史”论同样是一个古文经学的论断，它在理论上否认儒家六经是孔子微言大义的产物，确立孔子是“先师”而非“素王”的地位。然而另一方面，“六经皆史”论的内涵使古文经学相较于今文经学，更早地诞育了历史演化的思想。

笔者认为，章学诚的“六经皆史”论是以黄宗羲为宗师的浙东学派“不离器而言道”哲学发展的结果，同时也体现了清代强调“道不离器”的“气一元论”哲学普遍的特征。“气一元论”中“气”的客观实在是本体，它包含了人伦日用、社会事物。正如前文所述，儒家从其诞生伊始就不同于抽象的形而上学，儒家的礼和道是从人伦日用内所总结的。气一元论的兴起重新恢复和丰富了儒家重视人伦日用的特点。而人伦日用和社会事物不难发现是随着时代变迁而不断改变的，三代之社会与清代中国之社会自然有着巨大的差别，因此，气具有历史性。因此，气一元论的兴起为历史哲学的产生奠定了基础。章学诚的思想体系显然分别受到戴震和颜元两位“气一元论”思想家的影响。

（二）章学诚对戴震气一元论批判性的扬弃

章学诚和戴震是清中叶乾嘉时期思想的双子星座，钱穆指出，章学诚的学说是受戴震的《原善》启发而产生的[①]。章学诚对宋明理学的批判采用的正是“气一元论”的理路：

> 第其流弊，则于学问、文章、经济、事功之外，别见有所谓道耳。以道名学，而外轻经济事功，内轻学问文章，则守陋自是，枵

---

① 钱穆:《中国近三百年学术史》，九州出版社2011年版，第422页。

腹空谈性天，无怪通儒耻言宋学矣。[①]

章学诚否认理学中脱离实际事物的“理”，显受戴震影响。他在理气学说方面高度赞同戴震的“气一元论”，他评价戴震的哲学著作道：

> 及戴著《论性》《原善》诸篇，于天人理气，实有发前人所未发者；时人则谓空说义理，可以无作，是固不知戴学者矣。[②]

章学诚在其系统论述其历史哲学的《原道》中，也明确提出了气一元论的观点，他认为“天著于人，而理附于气”[③]。他认为儒家的理论和伦理都是从人伦日用的实际需要所出发，而绝非如宋儒那般，将超验的理和道置于人的实际情感和需要之上。因此他在对《周易》中的名句“形而上者谓之道，形而下者谓之器”[④] 的解释中认为“道不离器，犹影不离形”[⑤]，不但如此，在先后顺序和因果关系问题上，道是器的结果。他认为“道者，万事万物之所以然，而非万事万物之当然也”[⑥]。他将“理”比作水，事物比作器，和宋儒的比喻正好相反。正因为道是由器（或曰气）决定的，所以章学诚反对脱离器而抽象地谈论道。因此他认为“夫天下岂有离器言道，离形存影者哉？彼舍天下事物、人伦日用，而守六籍以言道，则固不可与言夫道矣”[⑦]。章学诚强调气一元论，强调道由器所生，反对离器言道的基本主张，和王夫之、颜元、戴震等的气一元

---

① （清）章学诚：《与林秀才》，载仓修良编《文史通义新编》，浙江古籍出版社 2005 年版，第 590 页。

② （清）章学诚：《书朱陆篇后》，载（清）章学诚撰《文史通义校注》，叶瑛校注，中华书局 2014 年版，第 257 页。

③ （清）章学诚：《原道上》，载（清）章学诚撰《文史通义校注》，叶瑛校注，中华书局 2014 年版，第 112 页。

④ 《周易·系辞上》。

⑤ （清）章学诚：《原道中》，载（清）章学诚撰《文史通义校注》，叶瑛校注，中华书局 2014 年版，第 123 页。

⑥ （清）章学诚：《原道上》，载（清）章学诚撰《文史通义校注》，叶瑛校注，中华书局 2014 年版，第 112 页。

⑦ （清）章学诚：《原道中》，载（清）章学诚撰《文史通义校注》，叶瑛校注，中华书局 2014 年版，第 123 页。

论思想都是一致的。

然而，章学诚对于戴震的突破在于，他认为“器”是在历史中不断变化的。正如前文所述，戴震把人的人情欲望视为超历史的、千古不易的存在，所以戴震认为儒家经典中的义理无论对于哪个时代，都是适用的。他把对儒家五经义理的学习视为从“自然”走向“必然”的过程，所以戴震作为汉学的代表，孜孜于通过训诂的研究来参透五经中的义理。他在《文史通义》中就开宗明义地指出“六经皆史也。古人未尝离事而言理，六经皆先王之政典也”①。正如余英时所指出的，就不“离事而言理”而言，章学诚同王夫之、颜元和戴震是相似的。但是章学诚不再赞同戴震的通过对五经的研习来追求道。因为五经是建立在先王时代的“器”的基础之上，是先王在切合当时的人伦日用的基础之上，进行政治实践的记录。所以章学诚对六经的另一个定义是“六经皆先王之政典也”②。

（三）道在历史之中：带有时间维度的存在论

章学诚敏锐地指出，随着时代的变迁，不同时代的“器”也不同。既然道是依托于器而存在的，那么随着器的变迁，就不可以拘泥于以往的道。因此，章学诚认为以戴震的皖学和惠栋的吴学③为代表的汉学风潮中通过训诂来探求五经大义的做法便是错误的。他批判道：“学者但诵先圣遗言，而不达时王之制度，是以文为鞶帨絺绣之玩，而学为斗奇射覆之资，不复计其实用也。故道隐而难知。”④ 章学诚肯定了儒家因时而变的传统，认为“《传》曰：“礼，时为大，又曰“书同文”。盖言贵时王之制度也”⑤。而三代的君主，正是因时变易的典范，因为“夫三王不袭

① （清）章学诚:《易教上》，载（清）章学诚撰《文史通义校注》，叶瑛校注，中华书局2014年版，第1页。

② （清）章学诚:《易教上》，载（清）章学诚撰《文史通义校注》，叶瑛校注，中华书局2014年版，第1页。

③ 皖学和吴学都是清中叶汉学的分支。

④ （清）章学诚:《史释》，载（清）章学诚撰《文史通义校注》，叶瑛校注，中华书局2014年版，第216页。

⑤ （清）章学诚:《史释》，载（清）章学诚撰《文史通义校注》，叶瑛校注，中华书局2014年版，第216页。

礼，五帝不沿乐。不知礼时为大，而动言好古，必非真知古制制者也”[①]。

在这里，章学诚的理论已经发展为一种历史主义的理论。这种历史主义的理论其哲学基础正是气一元论，即道依托于器，即人伦日用、社会状况。而器在不断变易之中，因此道是历史中的道。儒家传统经学的意义在章学诚的理论中发生了革命性的转变，章学诚认为，不应当孜孜于在五经中寻求不可变易的大义。五经不再是“道”的根据，对于当下的人来说，五经只具有借鉴意义而不再是终极依据。五经之所以有借鉴意义，是因为它是先王根据当初的人伦日用——即“器”——而进行的政治实践的记录，可以启发当下的人根据当下的“器”来树立当下理想的实践。然而对于当下的人来说，更重要的是探求当下社会的人伦日用状态，只有以此为基础，才能进行当下的理想实践。因此章学诚认为“故无志于学则已，君子苟有志于学，则必求当代典章，以切于人伦日用”[②]。而只研习五经，不探求当代的学者，其弊病根源在于不依据“器”空谈道，即“舍器而求道，舍今而求古，舍人伦日用而求学问精微，皆不知府史之史通于五史之义者也”。

道随历史而变迁，带有规范性质的道是某个历史时期人的社会生活状态所决定的。这正是章学诚的历史哲学的本质所在，也是“气一元论”逻辑下的发展结果。戴震虽高张人伦日用，却拘泥于五经的规范；颜元虽强调实践，但仍拘泥于三代，这都是气一元论未臻成熟的体现。而气一元论的历史主义维度在章学诚处终于得到系统的阐述。

同时，它对许多儒学观念带来了冲击，以五经为代表的儒学经典的地位，在章学诚的理论中第一次被松动了。在章学诚看来，儒家的最基本要义是“道不离器”，所以儒者的要务在于切合当下的人伦日用。五经背后所依托的“器”是三代先王时代的人伦日用，不能切合于当下实际，所以五经中的道不再具有当下意义。而在儒家思想与晚清社会主义思潮的关联上，儒家传统的礼与社会主义是有张力和矛盾的，我们发现，康

① （清）章学诚：《史释》，载（清）章学诚撰《文史通义校注》，叶瑛校注，中华书局2014年版，第217页。

② （清）章学诚：《史释》，载（清）章学诚撰《文史通义校注》，叶瑛校注，中华书局2014年版，第216页。

有为和刘师培都必须对“礼”进行扬弃，才能为社会主义思想的产生奠定土壤。章学诚的六经皆史说正是这种倾向的滥觞。章学诚否认《五经》中“道”的永恒性，对于晚清社会主义思潮的兴起意义重大。

（四）缺乏实践要素的历史演化论：古文经学与章学诚历史演化理论的消极层面

章学诚是古文经学[①]的代表，从西汉以来今文经学和古文经学争论的焦点之一就是孔子和周公地位的争论。今文经学认为孔子是六经的作者，认为六经中都是孔子改制立法的微言大义，孔子是有圣王之德而无位的素王、立法者，今文经学派相对而言较为轻视孔子和之前三代古代文化的联系。而古文经学认为周公是六经的作者，孔子则“述而不作，信而好古”，只是古代典籍的整理者和教育者，因此在古文经学派看来，周公是先圣，孔子只是先师，古文经学强调孔子和之前三代文化的紧密联系。今文经学和古文经学在汉代进行过激烈的争论，都有着支持的证据，孰真孰伪，谁代表着孔子的真意，都难以辨明。东汉后期大儒郑玄以古文经学为主，今文经学为辅，遍注群经，之后古文经学逐渐成为主流。众所周知，今文经学在清代中后期由常州学派重新光大，在清末，今文经学和古文经学的争论再次点燃。笔者认为，清代的今古文经学论争，不只是对待儒学经典的态度的差异，其背后实际上是哲学基础和政治观点的差异。但二者并不是简单的排斥关系，而是在论战中存在思想扬弃和继承的关系。

章学诚就试图在哲学本体论的高度对古文经学进行捍卫，而他正是通过气一元论的本体论出发来论证的。章学诚强调“道不离器”，反对形

---

① 古文经学是汉代经学的一支，源于传说中西汉鲁恭王破坏孔子故宅壁所发现的儒学典籍（如《春秋左氏传》）。其与今文经学相对，今文经学则源于秦汉儒生的师门传承。二者对儒家《五经》的解释不同，但其争论点不止局限于经学，而引申到对儒家思想特质（如孔子和周公地位的争论和对经世的看法）看法的争论，并深刻影响两汉政治。今文经学在西汉是官方学说，而在东汉古文经学渐渐占据优势。汉末大儒郑玄以古文经为本，参以今文经，遍注群经，之后今文经学便几乎失传。直到清中叶之后，今文学才重新抬头，清末的康有为和章太炎分别为今古文经学之殿军，二者的今古文论战是今文经学和古文经学最后的余晖。

而上地、抽象地谈论道。他认为“道不可以空铨，文不可以空著”[①]。因此，如果如今文经学所言，即六经是所谓孔子改制的微言大义，而孔子只是有德无位之人，那么六经就变成空洞说教，就是在形而上地谈论“道”了。正是基于这样的哲学基础，章学诚论证了古文经学的正当性，他认为“非夫子推尊先王，意存谦牧而不自作也，夫子本无可作也。有德无位，即无制作之权。空言不可以教人，所谓无征不信也”[②]。因此他强烈地批判今文经学的抽象说道，认为其走入了神秘主义，即“然则欲尊孔子者，安在援天与神，而为恍惚难凭之说哉?”[③] 章学诚之所以强调六经是先王的政典，强调“官师合一”，是因为在他看来，道不能离开器，道只能是在器的基础之上进行实践的结果。只有周公等先王是“有德有位”的，因此也只有他们才具有实践的机会。

因此，笔者认为，章学诚用来论证古文经学合理性的主要哲学手段是实践，很明显地，章学诚除了批判性地借鉴戴震哲学外，在这里又吸收借鉴了颜元的实践学说。颜元从气一元论出发的实践主张，认为所有的学术和思想都必须以实践为依归。

颜元的实践思想着力于批判钻研书本学问的路径，甚至于反对读书。章学诚的六经皆史论中便借鉴了颜元的这一观点，反对从经典中演绎出形而上的道理，进而利用它来反对今文经学和理学。章学诚认为“古人以学著于书，后人即书以为学”[④]，他对儒学的古今之变的看法和颜元完全相同。颜元的思想处处讲究实学、实效，强调学问必须落在实效，章学诚也反对空谈性命，主张实事实效。章学诚提出“治见实事，教则垂空言矣。后人因宰我、子贡、有若三子之言，而盛推孔子过于尧舜，因

---

① （清）章学诚:《史释》，载（清）章学诚撰《文史通义校注》，叶瑛校注，中华书局2014年版，第215—216页。

② （清）章学诚:《原道中》，载（清）章学诚撰《文史通义校注》，叶瑛校注，中华书局2014年版，第122页。

③ （清）章学诚:《原道上》，载（清）章学诚撰《文史通义校注》，叶瑛校注，中华书局2014年版，第114页。

④ （清）章学诚:《与林秀才》，载仓修良编《文史通义新编》，浙江古籍出版社2005年版，第610页。

之崇性命而薄事功。于是千圣之经纶，不足当儒生之坐论”[①]。由此可见，章学诚通过借鉴颜元的实践学说，来论证“官师合一”的重要性，进而强调六经是有德有位的、有政治实践机会的先王的作品。

然而章学诚既然将他的“六经皆史”发展为一种历史哲学，也意味着他和颜元的实践学说有着相当的差异。前文已经指出，颜元的实践学说是超历史的，主张无论何时都应该以六经的礼乐实践为依归。但章学诚认为礼乐实践是被当时的“器”——也即当时的社会生活状况所决定的。因此随着时代推移，旧的礼乐制度不再适用，必须根据新的社会状况制订新的制度。这种歧异一方面体现出章学诚的理论相较于颜元的进步，因为章学诚敏锐地发觉了在气一元论的哲学前提下，既然气是不同于理的超验存在，那么社会生活的历史演变是不可以被忽视的。

但是，从另一个角度看，章学诚虽然利用颜元的实践学说构建他的“官师合一”学说。但章学诚的思想中调和同为气一元论倾向的颜元哲学和戴震哲学，使得章学诚的历史哲学理论中实践的意义被大为削弱了。在颜元的思想中，实践具有革命性的意义，因为在颜元看来，人的人性是可以被塑造的，实践不是顺应人性而是锻造人性。颜元之所以“以礼学代理学”，是因为他在以礼为代表的实践中看到了塑造人性的希望。相较而言，戴震哲学强调人本身的性情欲望，因此不强调改造人性而只是规范人性，使之从自然走向必然。章学诚则在“道不离器”方面继承了戴震思想，正是这种对戴震和颜元思想的调和使得“实践”的作用在章学诚处发生了改变。尽管在章学诚看来，这个“道”指的是实践，但在道的决定关系上与颜元实践思想正好相反。章学诚思想中实践是被“器”决定的。因此颜元的理论体系中实践塑造人性，而在章学诚的思想中实践顺应进而规范人性。所以，章学诚思想中的实践革命意义被大为削弱。

因此，在章学诚的历史哲学虽然承认了“器”是随着历史而变迁，进而认为道是由历史所决定；但笔者认为，章学诚没有试图去探究“器”的历史变迁的原因何在。他只是消极地承认历史的变化所带来的“道”

---

① （清）章学诚：《原道上》，载（清）章学诚撰《文史通义校注》，叶瑛校注，中华书局2014年版，第115页。

的变迁，但他从未试图通过“道”来主动引导历史的变化。章学诚虽然借鉴了颜元的实践学说，并极力利用实践学说为其“官师合一”的古文经学立场辩护，但章学诚的历史哲学理论恰恰是最为缺乏实践要素的。他思想体系中的实践是在不改变既有的社会前提（器）的前提下发挥作用的，实践是对既有的器的适应而非改造。正是因为对探究历史变化中缺乏实践因素，所以章学诚的历史哲学只承认历史的变化对“道”的影响，而不探究历史变化的原因，更没有探究人对历史变化的主观能动作用。因此章学诚的历史演化理论又有着某种保守的特征。

笔者认为，章学诚作为儒家思想史上“第一位历史哲学家”，他的历史演化理论之所以缺乏实践因素，并且缺乏对历史变化原因的探究，和他继承并试图捍卫的古文经学体系是密切相关的。古文经学反对孔子和三代文化之间的断裂，强调孔子的古代文化继承者形象，本身就会偏于保守，倾向于反对历史的剧烈变革。古文经学和今文经学所争论的不止是孔子的形象和定位，其背后的实质是对在一个黑暗的时代（春秋时期）是否需要崭新的立法变革看法不同。古文经学的主张者认为仍然需要以三代圣王的文化传统为依归，而否认了孔子的改革家形象。所以古文经学派的儒家在面对新的社会困境时也很可能会倾向于保守，而不是去主动改造社会。章学诚的历史演化理论虽然强调面对新的社会情况，应该有新的“道”去适应，这对于传统的古文经学而言是巨大的进步，但他的道仍然是对社会情况的适应而非改造，这就仍受制于古文经学的保守传统（譬如章学诚在对孔子讨论中，就有意回避了春秋时代礼崩乐坏所带来的社会变革，所引发的“器”的变迁。更没有讨论在春秋时代是否需要新的“道”，干脆对这个问题进行回避，而是只强调了孔子有德无位，只能对古代六经作传承工作）。如果章学诚强调对“器”的主动变革实践，就无法与他的古文经学立场相洽以自圆其说。因此，古文经学本身的主张就导致了它是一个缺乏实践的思想体系。

而作为古文经学的对手，今文经学强调孔子本身的变革者形象。今文经学视孔子为春秋这一黑暗时期中为后世开太平的立法者，并且认为孔子不是简单地对周礼和三代文化进行继承，而是认为周统已不能复兴，需要变革黑暗的社会，订立新的原则，而五经正是孔子这位素王为后世所立的新法。自然，今文经学对孔子形象的描绘有神化孔子之嫌。然而，另一方面，今文经学对孔子素王立法者形象的强调的逻辑中体现了对社会的创新式变革，其中包含了对一个崭新社会的描绘和努力方向，所以今文经学的理论中隐含了对实践的重视。这正是古文经学所不具备的。由于对古文经学范式的墨守，并且由于其实践思想的不彻底性，章学诚的历史哲学是一种历史演化论，而非历史进步论。历史进步论的兴起是在清代今文学派处出现的。

（五）小结：历史演化论的开拓者

章学诚也以气一元论作为自己历史思想的哲学基础，他将气一元论背后的历史维度充分发挥，提出了一种道存在于历史之中的历史哲学理论，并对后世的龚自珍、章太炎产生了深远的影响。这说明历史演化的理论并不是简单地通过严复翻译《天演论》由西方传入中国的，已经内生于乾嘉时期的中国思想中。

章学诚的“六经皆史”说意义不止在于此。前文已经指出，王夫之、颜元、戴震等思想家的气一元论哲学，否定了宋明理学中超验的理，主张以倾向于唯物主义的“气”为依归。但是，颜元和戴震等气一元论思想家，对于儒家六经中的大道，虽然不再从理的角度对其分析，但仍然奉其为圭臬（戴震认为六经中蕴含着从人伦日用的自然走向必然的道；颜元认为六经是实践和学问的完美统一，需要贯彻六经中的实践）。而章学诚将气一元论学说推进到“道在历史之中”的历史演化理论，则不但继续批判了理学的核心概念“理”，而且进一步质疑六经的价值界限。章学诚承认六经中有三代先王经纬天地的道，但那只能建立在三代的社会情况之上。这也意味着否认六经的道具有超历史的价值，否认了六经是后世的圭臬。由此逻辑推演下去，儒家的“礼”等人伦规范，在面临新的“器”时，也将不再是超历史的社会准则。儒家的核心概念包含“仁”和“礼”，礼中含有身份的差别对待，和社会主义思想之间是有张力的。颜元的实践学说虽然意义巨大，但其基本主张仍无外乎“以礼学代理学”，而章学诚批判性地继承颜元，将礼的作用局限于上古三代。章学诚的历史演化理论为清除这一张力提供了思想基础。章太炎虽是古文经学的代表，但他的历史演化理论却深深影响到了今文学派的龚自珍和康有为。今文学派中将“张三世”理论赋予历史哲学的涵义，实则是受古文学派中章学诚“六经皆史”说的影响。

四　清代公羊学派的历史演化理论：康有为历史进步论的滥觞

（一）似是而非：论汉代公羊学“三世”说的非历史哲学性质

有一种观点认为，在中国儒学传统中，章学诚并非第一位具有历史哲学倾向的思想家。早在西汉时期盛行的今文经学中的春秋公羊学派[①]中，就发展出了一种历史哲学理论。公羊学派的何休概括出了著名的“三科九旨”，其中的三科即存三统、张三世、异内外。其中张三世的主张被部分学者认为具有历史哲学的意义。刘小枫认为“儒家思想中并非只有天道的自然秩序观，同样有注重历史中的天道的历史道义论，此即春秋经典及公羊传的思想”[②]，并将《春秋公羊传》视为儒家历史哲学的经典论述和开山之作。陈其泰认为“‘公羊三世说’其中包含有历史变易观点，人们可以据之推演，划分历史发展的阶段”[③]。笔者认为，在汉代的春秋公羊学派的“张三世”学说是否蕴含着历史哲学的成分，是值得商榷的，需要从《春秋公羊传》本身和董仲舒、何休等汉代公羊学派代表对“张三世”的阐发进行辨析。

在《春秋公羊传》的传文中有三处提到张三世主张，它将整个《春秋》划分为三个部分。其中具有代表性的是在鲁隐公元年处，《春秋》写道：“隐公元年，冬，十有二月，公子益师卒。”[④]《公羊传》对这句话的

---

① 春秋公羊学派是今文经学的重要分支，它起源于对《春秋》经的解释，以《春秋公羊传》为基本经典，在汉代以师门口传为传承方式。它的特点是不以《春秋》为史学典籍，而以《春秋》为孔子托王改制的政治著作。强调对《春秋》微言大义的政治观点的阐发，强调改制思想和孔子的立法者形象。它以西汉的董仲舒和东汉的何休为代表。东汉后春秋公羊学陷入沉寂，在清中期的常州学派中得以复兴。

② 刘小枫：《中译本导言》，载［德］卡尔·洛维特《世界历史与救赎历史》，李秋零、田薇译，商务印书馆 2016 年版，第 28 页。

③ 陈其泰：《公羊历史哲学的形成和发展》，《孔子研究》1989 年第 2 期，第 87 页。

④（汉）何休解诂、（唐）徐彦疏：《春秋公羊传注疏》，刁小龙整理，上海古籍出版社 2014 年版，第 38 页。

解释是“何以不日？远也。所见异辞，所闻异辞，所传闻异辞”[①]。在鲁襄公二十三年处，《春秋》写道：“夏，邾娄鼻我来奔。”[②]《公羊传》对此的解释是：“邾娄鼻我者何？邾娄大夫也。邾娄无大夫，此何以书？以近书也。”[③] 就此而言，在《公羊传》的解释中，《春秋》一书确实被划分成三部分，即所见世、所闻世和所传闻世。而就传文而言，其三部分的划分似乎并非历史的演化，而只是《春秋》的作者孔子根据相应时期距离自己的远近与否采取了不同的写作方式。就此而言，《公羊传》的传文本身谈不上有历史哲学理论的存在。

西汉公羊学派的代表董仲舒将春秋三世给予明确的划分，即僖、闵、庄、桓、隐这五位距离孔子时代遥远的鲁国君主时期是所传闻世；襄、成、文、宣四公时期是所闻世；昭、定、哀三位孔子亲历过的鲁国君主时期是所见世。董仲舒对于划分三世原因的解释是，《春秋》中的三世本身关涉与孔子的远近亲疏。由于孔子亲历了昭公、定公和哀公时期，如果对这一时期的描述太过直白，则对于孔子本身有危险。所以孔子在所见世不得不有所讳言。所以董仲舒认为孔子对于所见世的原则是“义不讪上，智不危身……则世逾近而言逾谨矣。此定、哀之所以微其辞。以故用则天下平，不用则安其身”[④]。而对于所传闻世而言，与孔子时代距离遥远，关系疏远，所以孔子能够直书其恶，体现其正名的主张。何休在其对《春秋公羊传》作的注中继续发挥董仲舒的观点，认为“于所传闻之世，高祖曾祖之臣恩浅，有罪无罪皆不日略之也”[⑤]。也就是说在所传闻世的鲁君对于孔子的祖先而言恩情浅薄，所以孔子对其并无忌讳。董仲舒对三世说的主张被总结为“于所见微其辞，于所闻痛其祸，于传

① （汉）何休解诂、（唐）徐彦疏：《春秋公羊传注疏》，刁小龙整理，上海古籍出版社2014年版，第38页。

② （汉）何休解诂、（唐）徐彦疏：《春秋公羊传注疏》，刁小龙整理，上海古籍出版社2014年版，第861页。

③ （汉）何休解诂、（唐）徐彦疏：《春秋公羊传注疏》，刁小龙整理，上海古籍出版社2014年版，第861页。

④ （汉）董仲舒：《春秋繁露·楚庄王第一》，载（清）苏舆撰《春秋繁露义证》，钟哲点校，中华书局2019年版，第11—12页。

⑤ （汉）何休解诂、（唐）徐彦疏：《春秋公羊传注疏》，刁小龙整理，上海古籍出版社2014年版，第38页。

闻杀其恩，与情俱也”[①]。就此而言，董仲舒眼中的三世说是孔子根据与自己亲疏远近的不同而采取的一种显白与隐微的笔法。这说到底只能体现孔子“为尊者讳”“讳尊隆恩”[②] 的观点和其对于《春秋》的写作法则，并不能体现一种道存在于历史之中的历史哲学观点。

东汉的何休[③]为《春秋公羊传》作注，在解释张三世的含义时除了继承了董仲舒关于孔子根据亲疏远近“讳尊隆恩”的观点外，更将三世的描绘视为一种从衰乱到升平，进而实现太平的历史进步过程。这种解释应该说是“张三世”被视为一种历史哲学的思想源头。何休将所传闻世的性质界定为衰乱世，将所闻世界定为升平世，将所见世界定为太平世。自然，从实际历史来看，孔子所亲历的“所见世”比起“所传闻世”而言更为混乱与失序，更与太平世毫无干系。但是在公羊学派看来，《春秋》并不是一部史书，而是孔子借用历史表达其政治改制大义的著作，将三世划分为衰乱、升平、太平三世并不是实际的历史进程，而是孔子表达的为了达到拨乱反正的目的的一种策略步骤和理想蓝图。

（二）夷夏关系与大一统的步骤：汉代今文学“张三世”实质

在何休的理解中，“三世”的划分是和公羊学派的另一主旨“异内外”紧密联系。在孔子所生活的春秋时代，南北方少数民族强大，压迫到了华夏民族的生活空间。《春秋公羊传》也明确地提到“南夷与北狄交，中国不绝若线”[④]，因此，公羊学派认为在《春秋》中表达了孔子攘夷狄、保华夏的主张，强调“不与夷狄之获中国也”[⑤]。而另一方面，公羊学派对华夏和夷狄的界定并非根据种族，而是和文化紧密相关。夷狄如果习得华夏文化就会变为华夏，而华夏如果不合礼义则会沦为夷狄，

---

① （汉）董仲舒：《春秋繁露·楚庄王第一》，载（清）苏舆撰《春秋繁露义证》，钟哲点校，中华书局 2019 年版，第 9 页。

② 曾亦、郭晓东：《春秋公羊学史》，华东师范大学出版社 2017 年版，第 349 页。

③ 何休（129—182），字邵公，东汉公羊学代表，作《春秋公羊传解诂》。

④ （汉）何休解诂、（唐）徐彦疏：《春秋公羊传注疏》，刁小龙整理，上海古籍出版社 2014 年版，第 393—394 页。

⑤ （汉）何休解诂、（唐）徐彦疏：《春秋公羊传注疏》，刁小龙整理，上海古籍出版社 2014 年版，第 265 页。

譬如《公羊传》就曾提到过“然则曷为不使中国主之？中国亦新夷狄也”[①]。公羊学派强调华夏和夷狄的差异在于礼义，这种从文化角度出发的民族观念，使得其主张通过改造夷狄使之归为华夏，最终使天下归为一统。这也正是何休将张三世和异内外紧密联系在一起的原因。在春秋时代夷狄交逼的困境之下，必然只有先区分华夏和夷狄，通过逐步壮大华夏的方式，才能进而解除夷夏畛域，逐渐改造夷狄，天下归一。《春秋公羊传》的本书中提到异内外的宗旨是“《春秋》内其国而外诸夏，内诸夏而外夷狄”[②]，然而又接着强调其目的不是区分夷夏，而是大一统。区分只是由近到远的步骤策略，即“王者欲一乎天下，曷为以外内之辞言之？言自近者始也”[③]。

由此可见，何休“张三世”理论中的衰乱、升平、太平三世的划分，表面看上去很接近历史进化论，但由于它正是基于夷夏关系的为实现大一统的策略步骤，因而它只是一种试图从“礼乐征伐自诸侯出”“南夷与北狄交”的混乱局面中振衰起敝的方案步骤。这种策略步骤很难谈得上是一种历史哲学。而且尤为需要强调的是，在汉代公羊学的三科九旨中，通三统最为重要，张三世处于从属地位。张三世只是为实现新的大一统而采取的策略，而和“新统”代替“旧统”没有直接关系。如果说汉代公羊家真的有什么历史观念的话，那也是存在于他们对“新统”和“旧统”之间关系的辨析上，而不是存在于仅存在策略意义的“张三世”上。

那么，对于汉代公羊学而言，其历史观该如何定义呢？汉代公羊学强调改制，既然强调改制，那么就可能会引申出“旧统”和“新统”之间的“道”涵义有所不同，因此是可能引申出历史中的道义的历史哲学观念。汉武帝就曾对董仲舒提出过相关的疑惑：“三王之教所祖不同，而皆有失，或谓久而不易者道也，意岂异哉？”[④] 但在董仲舒的今文经学思

① （汉）何休解诂、（唐）徐彦疏：《春秋公羊传注疏》，刁小龙整理，上海古籍出版社2014年版，第1004页。

② （汉）何休解诂、（唐）徐彦疏：《春秋公羊传注疏》，刁小龙整理，上海古籍出版社2014年版，第762页。

③ （汉）何休解诂、（唐）徐彦疏：《春秋公羊传注疏》，刁小龙整理，上海古籍出版社2014年版，第762—763页。

④ （汉）班固：《汉书·董仲舒传》，中华书局2000年版，第1915页。

想体系中，道是恒久不变的，他强调“道之大原出于天，天不变，道亦不变”①，这意味着作为汉代公羊学代表的董仲舒思想中的“道”是超历史的。董仲舒的改制理论有两个层面。第一层涵义是改制是为了彰显天的意志，而并不是改变治道，即“故必徙居处，更称号，改正朔，易服色者，无他焉，不敢不顺天志，而明自显也”②。这和“天人合一”的学说密切相关。第二种情况是之所以出现新统对旧统的改变，其原因在于之前“道”在乱世的失序，新统为了弥补必须有所改变。所以他强调“道者万世亡弊，弊者道之失也”③。对于新统的损益而言只是“举其偏者以补其弊而已矣”④。对于基本的原则，不在改制的范围之内。即使是这种情况，也并非源于要改变“道”本身。因此他格外强调“今所谓新王必改制者，非改其道，非变其理”⑤“若夫大纲，人伦道理，政治教化，习俗文义尽如故，亦何改哉！”⑥ 由此可见，在以董仲舒为代表的汉代公羊学处，并不存在一种历史中的道义的历史哲学观念，在董仲舒看来，道恒久不易。改制只是对道的失序的一种弥补。

综上所述，在公羊学派诞生伊始，虽然有“张三世”这一具有历史哲学外观的主张，但张三世不是论述从旧统转换为新统的必要性的。其真正的历史观存在于其“通三统”的根本主张中。在“通三统”里虽强调改制，但改制并不是要变易“道”的原则，而是要弥补“道”的沦丧，而“道”的原则仍然是变动不居的。所以并不存在一种“历史中的道义”的历史哲学。汉代公羊学仍然是一种超历史的理论。

综上所述，汉代公羊学“张三世”的主张尽管有衰乱、升平、太平三世的划分，但其着眼点在于新统形成过程中夷夏关系的拨乱反正和调适，并非为了指明旧统与新统之间的关系，它是春秋时期华夏文明微弱

---

① （汉）班固：《汉书·董仲舒传》，中华书局2000年版，第1915页。

② （汉）董仲舒：《春秋繁露·楚庄王第一》，载（清）苏舆撰《春秋繁露义证》，钟哲点校，中华书局2019年版，第16页。

③ （汉）班固：《汉书·董仲舒传》，中华书局2000年版，第1915页。

④ （汉）班固：《汉书·董仲舒传》，中华书局2000年版，第1915页。

⑤ （汉）董仲舒：《春秋繁露·楚庄王第一》，载（清）苏舆撰《春秋繁露义证》，钟哲点校，中华书局2019年版，第15页。

⑥ （汉）董仲舒：《春秋繁露·楚庄王第一》，载（清）苏舆撰《春秋繁露义证》，钟哲点校，中华书局2019年版，第16页。

的情况下，儒家对拨乱反正的一种盼望。汉代公羊家的真正历史观被表述在其核心“通三统”中，但“新统”对“旧统”的取代并不是因为“道”的变化。所以汉代公羊学并不能说包含一种历史哲学思想。

（三）今文经学的实践精神及其遗产

然而，西汉的今文经学毕竟含有一种实践的精神，尽管这种实践仍然局限于“拨乱反正”，还未曾涉及“道”的改变。但毕竟它强调政治不能因循守旧，它对孔子“素王”立法者形象的强调，包含有开创新政治的积极进取精神。正是这种实践精神，在清代公羊学中得以复兴和光大。正如吕思勉所指出的：

> 在前汉之世，政治家的眼光，看了天下，认为不该就这么苟安下去的。后世的政治家，奉为金科玉律的思想，所谓‘治天下不如安天下，安天下不如天下安’，是这时候的人所没有的。他们看了社会，还是可用人力控制的，一切不合理的事，都该用人力去改变，此所谓‘拨其乱，反其正’出来负这个责的，当然是贤明的君主和一班贤明的政治家。①

吕思勉所说的用人力控制社会，正是一种实践的精神。在东汉，古文经学取代今文经学之后，这种实践精神就丧失了。古文经学强调孔子是三代文明的传承者、保存者的形象，去掉了孔子改革者的形象。其本身便包含一种因循守旧的倾向。这包括章学诚在内，正如上文所述，章氏虽然强调道随历史演变而演化，但对于历史的演化本身，却采取一种消极不干涉的态度。清代公羊学的复兴也意味着实践精神的复兴。同时，汉代公羊学“张三世”的主张，虽然很难说包含历史哲学，但毕竟为清代公羊后学提供了建构其历史哲学所依托的外壳。

（四）气一元论与清代公羊学派：向历史哲学的转向

今文经学在东汉之后走向衰微，但在清代，随着常州今文派的崛起，

---

① 吕思勉：《吕著中国通史》，华东师范大学出版社2005年版，第378页。

春秋公羊学再次强势复兴。笔者认为，虽然汉代的公羊家并没有发展出一种历史哲学，但在清代公羊学派复兴之后，尤其在龚自珍[①]和魏源[②]那里，"张三世"被重新赋予了历史哲学的内涵。而之所以龚、魏等清代公羊家采取了一种历史主义的观念，并不是因为他们的公羊家法，而是气一元论哲学在他们的理论体系中的体现。然而，公羊学重实践的根本特征，使得他们的历史演化理论较之于章学诚的历史演化论，更具备了实践的特征。

魏源和龚自珍都深受气一元论的影响，而尤其受章学诚"六经皆史"的历史演化论的气一元论的影响。尽管章学诚持有古文经学的立场，看似与龚自珍、魏源的今文经学有着根本矛盾，但显然在哲学观点上，他们存在继承关系，都是气一元论思想发展的体现。

清代公羊学的复兴和对儒学实践层面的重视有密切的关系。钱穆曾深刻地指出"常州言学，既主微言大义，而通于天道、人事，则其归必转而趋于论政，否则何治乎春秋？何贵乎公羊？"[③] 公羊学派强调孔子的立法者、改革家形象，并且认为《春秋》代表了一种区别于三代的新政治形态。这含有重视政治实践的要素，提供了儒学从心性修养转向政治实践的理论依据。在这一点上，公羊学派和颜元的实践哲学有着相像之处。而颜元的实践学说在晚清被发扬光大，也是通过公羊学派的戴望所著的《颜氏学记》传播的。魏源之所以转向西汉今文经学，其原因也在于今文学经世致用的优点。魏源强调：

> 夫西汉经师，承七十子微言大义。《易》则施、孟、梁丘，皆能以占变知来；《书》则施、孟、梁丘，皆能以《洪范》匡世主；《诗》则申公、辕固生、韩婴、王吉、韦孟、匡衡，皆以三百五篇当谏书；《春秋》则董仲舒、隽不疑之决狱；《礼》则鲁诸生、贾谊、韦玄成之议制度；而萧望之等皆以《孝经》、《论语》保传辅道。求

---

① 龚自珍（1792—1841），号定盦（或定庵），清代嘉庆、道光年间著名思想家，也是公羊学派的代表。

② 魏源（1794—1857），字默深，清代嘉庆、道光年间政治家和思想家，也是公羊学派的代表。

③ 钱穆：《中国近三百年学术史》，九州出版社 2011 年版，第 585 页。

> 之东京(指东汉古文经学),未或有闻焉。①

正是由于今文经学的面向在于政治实践,所以魏源主张摈弃清代汉学的训诂考究,以恢复真正的汉学,即西汉的今文经学。他对训诂学取向的汉学批判道:

> 以训诂印声蔽小学,以名物器服蔽《三礼》,以象数蔽《易》,以鸟兽草木蔽《诗》,毕生治经,无一言益己,无一事可验诸治者乎?②

可见以魏源为代表的清代公羊派对汉学的批判和对经世致用的强调都与颜元极为相似。魏源、龚自珍对实践的强调使得他们在今文经学中寻找到了理论依托,但他们和西汉今文经学不同的是,他们对实践的强调背后有了新的哲学依据,即气一元论哲学。这和董仲舒的“天不变,道亦不变”③ 主张有了很大区别,而和颜元建构在气一元论上的实践学说相似;另一方面,颜元的实践学说是没有历史维度的,他是以三代作为实践的范本。而今文经学中强调孔子“以春秋当新王”,开创出有别于三代的新政治局面,魏源、龚自珍承袭了今文经学的创新精神,因此又与颜元复古的实践学说有别。正是今文经学所具备的开创精神使得以龚、魏为代表的清代公羊学将实践和历史哲学二者联系起来。

魏源即是一位典型的气一元论思想家。他虽说过“其不变者道矣”④的话,表面上和宋明理学的“道”相似,但魏源的“道”从不脱离具体事物而存在。他认为“曷为道之器,曰礼乐;曷谓道之断?曰兵刑,曷

---

① (清)魏源:《两汉经师今古文家法考叙》,载(清)魏源《魏源全集(第十二册)》,岳麓书社2004年版,第136页。

② (清)魏源:《默觚上·学篇八》,载(清)魏源《魏源集》,中华书局2018年版,第24页。

③ (汉)班固:《汉书·董仲舒传》,中华书局2000年版,第1915页。

④ (清)魏源:《默觚下·治篇五》,载(清)魏源《魏源集》,中华书局2018年版,第53页。

为道之资，曰食货。道形诸事谓之治”[①]。可见魏源关注的不是形而上的道，而是与具体社会事物密切相联系的道，这与章学诚的“道不离器”的思想是一致的。同时，魏源也继承了戴震的重人欲和颜元的重实践思想。强调道是以富强为前提，认为“自古有不王道之富强，无不富强之王道”[②]。同时指出社会生活的各个方面都蕴含着道：“王道至纤至悉，井牧、徭役、兵赋，皆性命之精微流行其间。”[③] 由此可见，魏源的道是以器为前提的，也正因此他反对宋儒脱离具体事务所谈的心性，认为其“动言万物一体，而民瘼之不求，吏治之不习……举平日胞与民物之空谈，至此无一事可效诸民物”[④]。

作为一名“气一元论”者，魏源敏锐地发现并重视“气”的变化维度。他明确指出“气化无一息不变者也”[⑤]，而且认为三代和后世存在着根本区别。

> 三代以上，天皆不同今日之天，地皆不同今日之地，人皆不同今日之人，物皆不同今日之物。[⑥]

对此龚自珍也有类似的观点，龚自珍认为“天道十年而小变，百年而大变”[⑦]。而魏源的道是和具体的“器”密切相关的，求道者必须研究新的情势。因此在新的情势（“气”）下，必须抛弃旧的礼乐制度。所以

---

① （清）魏源：《默觚上·学篇九》，载（清）魏源《魏源集》，中华书局 2018 年版，第 26 页。

② （清）魏源：《默觚下·治篇一》，载（清）魏源《魏源集》，中华书局 2018 年版，第 40 页。

③ （清）魏源：《默觚下·治篇一》，载（清）魏源《魏源集》，中华书局 2018 年版，第 40 页。

④ （清）魏源：《默觚下·治篇一》，载（清）魏源《魏源集》，中华书局 2018 年版，第 40 页。

⑤ （清）魏源：《默觚下·治篇五》，载（清）魏源《魏源集》，中华书局 2018 年版，第 53 页。

⑥ （清）魏源：《默觚下·治篇五》，载（清）魏源《魏源集》，中华书局 2018 年版，第 52 页。

⑦ （清）龚自珍：《拟上今方言表》，载（清）龚自珍《龚自珍全集》，上海古籍出版社 1975 年版，第 308 页。

魏源主张“执古以绳今，是为诬古；执今以律古，是为诬古；诬今不可以为治”[①]。由此可见，魏源通过其气一元论的哲学观已经发展出其历史演化论的历史哲学。他强调三代的礼乐有其适用的时代背景，就意味着它在当下是不合时宜的。正如丸山松幸指出的，魏源的道可以“建立在完全地舍弃古代显现的事物的具体性、实体性之上”[②]。魏源的气一元论的历史理论和章学诚的“六经皆史”的架构是基本相似的，但魏源对不可“执古绳今”的强调更为明显。他更加强调了对“器”的重视，正是建构在这种哲学观念上，为其经世致用的公羊学架构奠定基础。

由上可见，虽然以魏源、龚自珍为代表的清代今文学派和章学诚的古文经学有着根本的门派之别，但龚、魏在其历史演化理论中，都采取了和章学诚“六经皆史”说相近的理路。其背后都是以气一元论的哲学观念为基础的。今文经学将儒学的取向转向政治变革，清代中叶，常州今文学派的庄存与、刘逢禄等学者复兴了春秋公羊学派，然而仍未明显地将公羊学派与现实政治变革相联系。龚自珍、魏源将今文经学从经学讨论拓展到现实面，其着眼点在于现实政治秩序的探讨，而气一元论中对“器”，也就是具体社会、政治事务的重视正与之契合。因此气一元论成为龚自珍和魏源的今文经学学说的哲学基础。而今文经学对于变革、新统的强调更促使龚、魏对气一元论的历史哲学维度进行发掘。因此龚自珍和魏源的气一元论学说具有强调历史演化的历史哲学维度，和章学诚的“六经皆史”学说相似。

（五）实践与“张三世”的重新赋义：龚自珍对历史进步论的开拓

然而，清代今文学派的历史演化学说有比章学诚的“六经皆史”论更进一步之处。前文已经指出，章学诚的“六经皆史”说虽然承认历史在不断演化，认为礼乐制度要随着“器”的演变而进行改革。但是章学诚未曾试图探讨“器”的变化的原因。在章学诚看来，“道”要适应

---

① （清）魏源：《默觚下·治篇五》，载（清）魏源《魏源集》，中华书局2018年版，第52页。

② ［日］丸山松幸：《洋务、变法思想和道器论》，载［日］小野泽精一、福永光司、山井涌等编著：《气的思想——中国自然观和人的观念的发展》，李庆译，上海人民出版社1990年版，第502页。

“器”而不是主动对“器”进行变革。这和章学诚秉持的古文经学保守立场导致其历史演化论中缺乏实践的维度有关。而今文经学恰恰具备极强的开创性。春秋公羊学强调“以《春秋》当新王”，即将《春秋》视为孔子开创新政治秩序的法典，这种新政治秩序区别于夏、商、周三代，塑造新统。今文经学中孔子的形象是“素王”，他在没有政治权力的前提之下为未来设计一种新的政治秩序，这种塑造现实、改造历史的精神本身就具备一种开创性。虽然在董仲舒和何休为代表的西汉公羊学中，这种新秩序被视作文质循环和振衰起敝的循环过程中的一节，未能发展出一种“道在历史之中”的历史哲学。但这种具备开创性的实践精神是清代公羊学的核心精神。本来在董仲舒和何休的公羊学理论中，“通三统”的面向很广，然而正如曾亦先生指出的，在常州今文学派的代表刘逢禄那里，通三统的核心涵义被局限为“改制”①。如此，今文经学创新性的实践精神被更为强调。受这种精神的影响，龚、魏的历史演化理论和章学诚的“六经皆史”观不同之处在于，实践在历史演化中的作用被强调了，它强调人主动改造历史而非仅仅是顺应历史（如章学诚般）。龚自珍的历史哲学在这方面具有开创性的意义。也正因此，公羊学的结构发生了改变，原先居于“通三统”附属地位的“张三世”改据首要位置，并且含义发生质的改变，成为这种带有实践色彩的历史哲学的最佳载体。

1. “大伪明于天下”：龚自珍的人性论与实践观

龚自珍的实践学说借鉴了荀子的“化性起伪”学说。荀子对人性的看法较为悲观，但荀子主张“化性起伪”，即通过礼乐实践学习来规范人性，这就具备了强调实践的因素。固然荀子将礼乐同人的本性割裂开来，不像孔子、孟子主张礼根植于人性自身。但这种割裂本身就蕴含了改造进而塑造人性的可能（虽然在荀子本人的思想中礼只起到约束人性而非改造人性的作用）。龚自珍相较于荀子更进一步，他反对先验地讨论人性，因此也反对用“善”和“恶”来定义人性，他认为：

> 龚氏之言性也，则宗无善无不善而已矣，善恶皆后起者。夫无

① 曾亦：《共和与君主：康有为晚期思想研究》，上海人民出版社2010年版，第102页。

善也，则可以为桀矣；无不善也，则可以为尧矣。[①]

孟子强调性善论，因此他认为应该着力于心性修养；荀子强调性恶论，虽然他强调“化性起伪”，但性恶论也导致荀子主张人性难以改造，礼只能起到约束人性，防止其导致的社会失序作用。而龚自珍反对性善论，亦反对性恶论，主张性无善无恶，他认为“善非固有，恶非固有，仁义、廉耻、诈贼、很忌非固有”[②]。这样就给人的实践提供了更大的空间，表明了人是由自己的实践所塑造的。这和主张实践的颜元思想也是十分相似的。

西汉公羊学十分强调“天命”学说，董仲舒在阐发“通三统”时强调改制是为了顺应天命。他认为“天人合一”，将政治秩序归入自然秩序当中[③]。强调天命必然会减损人类实践在政治秩序中的意义。龚自珍则对此十分反对，他批判董仲舒的天人合一学说为“借天象传古义，以交相儆也。厥意虽美，不得阑入孔氏家法”[④]，他批判将自然现象与人类事务一一对应的学说，他对“天命”批判道：

夫天、寒、暑、风、雨、露、雷等必信，则天不高矣；寒、暑、风、雨、露、雷必不信，则天义不高矣。[⑤]

龚自珍将旧公羊学派中的天命学说清除，将政治秩序完全归结为人类实践，他称之为“君命”。他认为“天命曰流行，君命曰出内”[⑥]，强

① （清）龚自珍：《阐告子》，载（清）龚自珍《龚自珍全集》，上海古籍出版社 1975 年版，第 129 页。

② （清）龚自珍：《壬癸之际胎观第七》，载（清）龚自珍《龚自珍全集》，上海古籍出版社 1975 年版，第 18 页。

③ 参见吴晓番《现代自我的兴起：龚自珍思想的哲学阐释》，华东师范大学出版社 2014 年版，第 119 页。

④ （清）龚自珍：《乙丙之际塾议第十六》，载（清）龚自珍《龚自珍全集》，上海古籍出版社 1975 年版，第 9 页。

⑤ （清）龚自珍：《尊命》，载（清）龚自珍《龚自珍全集》，上海古籍出版社 1975 年版，第 83 页。

⑥ （清）龚自珍：《尊命》，载（清）龚自珍《龚自珍全集》，上海古籍出版社 1975 年版，第 83 页。

调政治和自然的分隔，这也就承认了政治命运是完全由人的政治实践所决定的。龚自珍强调“言伪忠，禁伪教，德伪情，道伪圣，礼伪自然”①这里的“伪”正是取自荀子的“化性起伪”，即人为之意。由于龚自珍反对荀子的性恶论，他的思想中“伪”的涵义比荀子更为宽广，他强调人是由自己的实践所决定，自然也就超越了荀子把“伪”只视为对定在的人性的约束的观点。在他看来，荀子的“伪”只是“小伪”，应该采取更积极的政治实践，来实现理想的政治秩序，即所谓“天下方安小伪，小伪不可安，不如以大伪明于天下”②。

由此可见，龚自珍对实践的极度强调，是从其气一元论的哲学出发的。正是由于气一元论，龚自珍反对理学的超验人性观，使其强调积极实践对人的性质的决定作用。这和颜元强调人性是由实践所决定的气一元论学说类似，龚氏和颜元采取了类似的论证模式，而又和春秋公羊学派强调积极的政治实践面向相合。由此可见，颜元的实践思想，在清代中后期被春秋公羊学派所重新发扬，正是因为二者之间理论逻辑的亲和力。春秋公羊学强调改制、新统，正为龚自珍的实践思想提供了合适的理论外衣；而另一方面，龚自珍对章学诚的“六经皆史”说有所继承，和魏源一样，出于“气一元论”，强调新的形势当有新的道德规范与政治秩序，因此龚自珍的实践学说在这一点上超越了拘泥于三代古礼古制的颜元实践思想，而春秋公羊学所强调的“以春秋当新王”强调了新政治秩序与其他儒家门派理想中的“三代”的不同，因此富有政治上的开创性，因此正与强调开创性实践思想的龚自珍相合。这也是为什么龚自珍会选择春秋公羊学作为其开创性的实践思想的理论外衣的原因。

2. 实践改造社会：从历史演化论到历史进步论

龚自珍选择春秋公羊学作为其理论外衣，但其理论实质是结合了实践和历史演化理论的气一元论哲学。因此，龚自珍为了使公羊学适应其哲学基础，旧公羊学的结构也必然改变，如前文已然述及的，旧公羊学

---

① （清）龚自珍：《壬癸之际胎观第七》，载（清）龚自珍《龚自珍全集》，上海古籍出版社1975年版，第17页。

② （清）龚自珍：《壬癸之际胎观第七》，载（清）龚自珍《龚自珍全集》，上海古籍出版社1975年版，第17页。

中强调“天命”的部分已被龚自珍捐弃。在汉代公羊学中,“通三统”是第一要义,“张三世”附属于通三统,三世理论虽有历史进化的外表,但在汉代公羊学那里只是从旧统到新统的实现大一统目标过程中涉及的夷夏关系的拨乱反正,因此不具备历史演化理论的内涵。然而这一点在清代公羊学处发生了转变。刘逢禄首次将“张三世”提升到了三科中的首要地位。不过,刘逢禄利用“张三世”说明的仍是一种治乱循环的循环历史观,他强调的是“乱不可久”“治不可恃”①。这与汉代何休解释的“张三世”理论相比,反而更不具备历史演化的涵义,更为悲观、消极,而且与传统儒家的历史观并无差别;另一方面,虽然刘逢禄将“张三世”提为首位,但仍然三科并列。真正将“张三世”提升到包含其他规则的首要原则地位的,正是龚自珍。基于气一元论,龚自珍强调历史演化的理论,而龚自珍又强调历史是由实践所塑造的。相较于龚自珍本人所借鉴的章学诚的“六经皆史”论,龚自珍的历史演化理论更为积极,他强调历史可由人自身的实践所改造。因此他倾向于一种进化的历史理论。汉代公羊学的“张三世”含有从衰乱、升平到太平的分阶段进化论的外观,因此可被龚自珍带有实践色彩的历史演化论依托为理论外壳。因此“张三世”的涵义在龚自珍这里第一次具备了历史进化论的色彩。它的涵义相较于局限在夷夏关系的汉代张三世理论而言,大大拓展了。

3. “张三世”新义:历史哲学涵义的赋予

汉代公羊学的“张三世”学说中三世内容关涉的是夷夏关系的变革方向,其范围不过是春秋的二百四十二年,因此不能说是关涉到整个人类历史的历史哲学。龚自珍则将“三世”的范围拓展到整个人类社会。认为整个人类历史可以划分为三世,他在《五经大义终始答问八》说:

> 问:《礼运》之文,以上古为据乱而作,以中古为升平,若《春秋》之当兴王,首尾才二百四十年,何以具三世?答:通古今可以

① (清)刘逢禄:《公羊春秋何氏释例》,载(清)阮元、(清)王先谦编《清经解·清经解续编(第8册)》,凤凰出版社2005年版,第42页。

为三世，《春秋》首尾，亦为三世。大桡作甲子一日亦用之，一岁亦用之，一章一蔀亦用之。①

龚自珍将“张三世”理论发展到概括整个人类历史中，正是出于他要用“张三世”的外壳建立一套他自己的历史哲学，因此必须对其适用范围进行改造。同时，对于在汉代公羊学中占据首要地位的“通三统”，则在龚自珍的理论中不再重要，龚自珍将“通三统”置于“张三世”中的最后阶段——太平世中。如此，与汉代公羊学的逻辑顺序正好相反，“通三统”成了“张三世”的附属品，而且仅仅用于解释太平世。他在《五经大义终始论》中认为：

求之《春秋》，则是存三统、内夷狄、讥二名之世欤？三统已存，四夷已进，讥仅二名，大瑞将致，则和乐可兴，而太平之祭作也。②

前文指出，龚自珍一方面继承了章学诚“六经皆史”的历史演化观，另一方面强调实践塑造历史。故而他倾向于人类积极作为的进化论历史观。历史的进化是由人的主动实践所成就，而实践需要按照一定的步骤顺序进行。西汉公羊学中的“张三世”虽局限于夷夏关系，但其本身有按部就班、依次进行的涵义，强调不可一蹴而就。“张三世”里的衰乱、升平、太平三世划分正好为龚自珍的历史理论提供了一个合适的模板。龚自珍赋予三世的涵义自然也不局限于夷夏关系，而是利用三世陈述他的历史演化论的实践步骤。他在《五经大义终始答问一》中认为：

问：三世之法谁法也？答：三世，非徒《春秋》法也。《洪范》

① （清）龚自珍：《五经大义终始答问八》，载（清）龚自珍《龚自珍全集》，上海古籍出版社1975年版，第48页。

② （清）龚自珍：《五经大义终始论》，载（清）龚自珍《龚自珍全集》，上海古籍出版社1975年版，第42页。

> 八政配三世，八政又各有三世。愿问八政配三世？曰：食、货者，据乱而作。祀也，司徒、司寇、司空也，治升平之事。宾、师，乃文致太平之事。①

由此可见，龚自珍认为在三世中，政治实践的轻重缓急有所不同，在衰乱世，施政注重“食货”，也就是经济民生；在升平世，需要注重礼乐教化（祀）和治安司法（司徒、司空、司寇）；在太平世，需要重视国防和外交，也就是“宾师”。正如黄开国所指出的，龚自珍的“三世”说是以经济为基础的社会发展理论②。龚自珍强调经济是制度和道德的基础，这正是他气一元论哲学的体现。而“大伪明于天下”的实践，是实现从经济到制度和道德拓展进步的手段。借助于公羊学的三世说，龚自珍实现了对章学诚“六经皆史”论的跨越。今文经学的代表龚自珍和作为古文经学代表的章学诚，都承认一种历史演化理论，但在章学诚的历史演化论中，历史演化无规律可循，也没有建立历史的演化与人类实践之间的关系，章学诚只强调根据相应历史形势而采取合适的礼制。龚自珍的历史演化论则强调历史的演化是由人的实践决定，因此可以寻求历史的进化，但历史的进化不是必然的，而是取决于人类实践的导向。因此，可以构想人类的理想社会，并制定实现它的步骤。在龚自珍的公羊学话语中就是“太平世”。龚自珍这种实践面向的历史进化论，是康有为的三世学说的重要思想源头。

龚自珍对康有为的影响痕迹，首先体现在二人的公羊学思想中对“张三世”的首要地位的强调，而且康有为“张三世”中的历史进步论涵义，也与龚自珍类似。龚自珍首次将“张三世”中的太平世同《礼运》联系起来，而康有为也正是将《礼运》中的大同社会视为三世进化的结果。康有为的弟子梁启超也强调包括康有为在内的晚清思想家深受龚自珍思想的影响：“吾见并世诸贤，其能为现今思想界放光明者，彼最初率

---

① （清）龚自珍：《五经大义终始答问一》，载（清）龚自珍《龚自珍全集》，上海古籍出版社1975年版，第46页。

② 黄开国：《公羊学发展史》，人民出版社2013年版，第578页。

崇拜定庵（龚自珍）。当其始读《定庵集》，其脑识未有不受其激刺者也。"①

4. 实践、人情、历史三者的有机结合：康有为历史进步论的思想来源

由此可见，气一元论中包含的人的情感欲望、实践、历史主义的三个维度，在龚自珍的公羊学外衣下的历史演化论中都得到了充分的发展。自然，龚自珍还未曾充分接触新兴资本主义下的工业社会，他对"太平世"的理想构想仍然缺乏想象力，是传统的。但他将自王夫之以来的气一元论哲学充分发展，并以重实践的公羊学为外衣。一方面，"气一元论"中的气强调社会存在是首要的，一切社会规范都以"气"为依归，否认超验的"理"，而"气"在不同的历史阶段会发生演化。这就意味着儒家旧有的"礼"的规范和种种人伦、政治教条都是具有历史性的，在新的形势下可能不再适用，因此为社会主义思想的勃兴扫除了障碍；另一方面，强调实践意味着"气（器）"可以被人的主动实践所改变，当持气一元论的晚清思想家（如谭嗣同、刘师培和康有为）在面对工业文明和资本主义社会时，并非认为必须要以工业社会这一新的"器"为依归，而是主张站在这一新的"器"的形势的基础上，需要通过实践对其进行改造，以使之实现理想的人性。这也是他们社会主义倾向的基础所在，而龚自珍的历史理论正为此作了充分的理论准备。

五　小结

通过本章的论述，笔者认为，历史进步论是中国近代社会主义思潮的重要来源之一，然而它未必完全是西方的舶来品。在清代思想发展脉络中，清代气一元论儒家学者着力于批判理学中超验存在的"理"，强调"道"蕴于具体事物之中，而具体事物又处于不断的变化之中。以具体事物为出发点的"道"因此也就具有变化的可能，因此历史哲学开始诞生，为"道义在历史中"的历史演化论提供了可能。

正是在此逻辑下，以章学诚、魏源、龚自珍为代表的清代气一元论

① 梁启超：《论中国学术思想变迁之大势》，上海古籍出版社2006年版，第103页。

儒家学者的思想中都具备了历史演化的维度。然而他们思想中今、古文经学倾向的不同，影响到了他们的历史哲学思想的异同。古文经学缺少实践的动力，章学诚的历史哲学停留在演化而非进化；今文经学强调实践的重要性，在其代表龚自珍那里，形成了通过实践改造历史的历史进步论。后者为康有为的历史进步论和大同思想奠定了思想基础。

第五章

康有为的“大同社会”

——气一元论儒学全面地向近代转化

仁、智，有定者也；义、礼、信，无定者也。[①]

——康有为《康子内外篇》

康有为作为中国近代最重要的思想家和政治家之一，誉满天下也谤满天下。他对未来社会的思考凝结为《大同书》一书，这本书对“大同社会”的描述已经超越了基于农业社会的《礼运》中的大同概念，而呈现出社会主义的思想特质。康氏曾长期不许该书发表。在他去世后，对《大同书》的评价众说纷纭。可以确定的是，康有为是中国近代少有的怀有人类关怀的思想家，也是少有的兼具超越性和现实性维度的思想家。现有文献对《大同书》的研究，多集中在其成书年代、思想基础和思想性质等方面。但是往往套用西方政治思想的固有名词，譬如乌托邦、空想社会主义等等，而未加对这些名词的涵义进行仔细的审视。而对“大同社会”的性质和思想基础又众说纷纭。也有的研究抽取《大同书》中的个别思想，如女性主义和去国界等等，加以阐释其现代意义。笔者认为，《大同书》虽然想象力丰富，但其理论体系严整自洽，并不是单纯的凭空设想。梁启超认为，虽然“今之青年能译读南海所未读之新书，能受习南海所未受之学说”，但《大同书》“渊眇繁赜之理想，恐尚非今之

① 康有为：《康子内外篇》，载康有为《康有为全集（第一集）》，姜义华、张荣华编校，中国人民大学出版社2007年版，第109页。

青年所能几也”[①]。萧公权认为“他（康有为）有意无意借自前人，但他所借者融合得十分彻底，合之以极多的想象，遂成其独创的思想”[②]。因此，全面考察《大同书》的理论体系，审视其哲学基础、思想性质仍有必要。

以往的《大同书》研究，多把《大同书》看作康所处时代的产物，将其放在故纸堆中作研究，这样便难以发现《大同书》思想中仍然有对现代社会有意义的成分。梁启超曾这样感慨《大同书》思想的不被重视“遂使国中有一大思想家，而国人不蒙其泽，悲夫!”[③] 这种情况可能直到今天也是如此。因此，本书将从思想基础、性质和独特价值三个方面对康有为的思想进行探讨。

一　康有为早年对气一元论的继承：大同思想的存在论基础

（一）气一元论人性观的发展

康有为继承了清代气一元论哲学的传统，他在1896年于万木草堂讲学时开篇即讲到：

> 凡物皆始于气，既有气，然后有理。生人生物者，气也。所以能生人生物者，理也……朱子以为理在气之前，其说非。[④]

而且康有为将自己对气一元论主张的理论源头直接上溯到明代气一元论的滥觞——杨晋庵。他指出：

> 明杨晋庵言，只有气质，甚精。凝之则为质，散之则为气，通

① 梁启超：《论中国学术思想变迁之大势》，上海古籍出版社2006年版，第107页。

② 萧公权：《康有为思想研究》，汪荣祖译，中国人民大学出版社2014年版，第313页。

③ 梁启超：《清代学术概论》，上海古籍出版社1998年版，第82页。

④ 康有为：《万木草堂口说（外三种）》，姜义华、张荣华编校，中国人民大学出版社2010年版，第3页。

天地之物，通天地之理，不外此也。[①]

由此可见，康有为和清代气一元论思想家一样，都把“气”这一包含着物质涵义的概念视为首要。他反对朱熹把理视为超验的、形而上的存在，他对理的看法和戴震相似，认为理是气中事物运行变化的关系和机制。康有为的哲学带有鲜明的“气一元论”式的唯物主义倾向同其他气一元论思想家相同，气一元论带给康有为思想的影响首先反映在他对人性的看法上。前文已经提到过，气一元论思想家一方面强调人的自然情感欲望，这方面的代表是戴震；另一方面强调实践对人性的塑造作用，这方面的代表是颜元。之后的章学诚、魏源、龚自珍继续推进气一元论，强调人性在历史中的流变。

康有为的人性观是对之前气一元论人性观的总结。他一方面继承戴震，承认人的自然欲望，反对理学区分“义理之性”和“气质之性”，更反对“理”对人情欲望的压制。他在 1886 年所撰的《康子内外篇》[②] 中指出：

人性之自然，食色也，是无待于学也；人情之自然，喜、怒、哀、乐无节也。是不待学也。[③]

这意味着康有为承认人情欲望是人性的自然。在其早期思想中，康有为认为“圣人调停于中，顺人之情，而节人之性焉”[④]。在他看来，儒家的特征就在于从人情欲望的基础出发，对其进行调和与节制。这和戴震的“从自然走向必然”的思想相似，而和主张压制欲望以服从天理的理学完全不同。

---

① 康有为：《万木草堂口说（外三种）》，姜义华、张荣华编校，中国人民大学出版社 2010 年版，第 89 页。

② 《康子内外篇》在《清议报》刊出时，康有为自称于其二十岁前即撰此书（依此，此书当撰于 1877 年前）。然依据《康南海自编年谱》，则此书当撰于 1886 年。笔者以后说为是。

③ 康有为：《康子内外篇》，载康有为《康有为全集（第一集）》，姜义华、张荣华编校，中国人民大学出版社 2007 年版，第 102 页。

④ 康有为：《康子内外篇》，载康有为《康有为全集（第一集）》，姜义华、张荣华编校，中国人民大学出版社 2007 年版，第 102 页。

前文已述，戴震所主张的“从自然走向必然”的途径主要强调人的认识能力。戴氏认为仁、义、礼、智等儒家规范的来源是人通过理性的认识发现的，因此和孟子、王阳明等从心性和良知说认识仁有根本的区别，而类似于荀子。康有为在其早期思想中和戴震类似，也是强调道德规范来自人的认识能力。他在分析人兽之别时认为“人与禽兽何异乎？曰：异于智而已……于是政教、礼义、文章生焉，皆智之推也”①。康有为的大同思想中“仁”是核心概念，康有为推重孟子，缘于相较于荀子重礼而言，孟子强调的仁更贴合于康有为的大同理想。但康有为对于“仁”来源的解释却迥异于孟子，孟子是从人的良知本能来认识仁的，它不待于学就本来存在，对此孟子曾用“乍见孺子将入于井”的思想实验来说明“仁”。而康有为则批判孟子的良知说，认为“人之异于禽兽者，知觉也，非善也。孟子又以孩提之良知良能为证，而不知此亦知觉也，与善恶无与也”②。他认为“仁”产生于人的认识能力，并且否认仁在智之前。他指出“或谓仁统万端，兼万善，非也”③。他将认识能力视为一切伦理的基础，因此主张“智”的首要地位：“惟其智者，故能慈爱以为仁，断制以为义，节文以为礼，诚实以为信。夫约以人而言，有智而后仁、义、礼、信有所呈。”④ 康氏特别肯定北宋谢良佐对仁的认识，他认为“上蔡以觉言仁，极是”⑤，谢良佐的“以觉言仁”就是强调通过知觉，即认识能力去认识仁，而这恰恰是朱熹所极力反对的。朱熹将道德规范放置于“义理之性”的位置，意味着将其视为稳定不易的、超验性的存在。康有为将认识能力“智”放置在儒家其他伦理之前，意味着为取消这些伦理的内涵的超验性奠定了基础。

---

① 康有为：《康子内外篇》，载康有为《康有为全集（第一集）》，姜义华、张荣华编校，中国人民大学出版社 2007 年版，第 102 页。

② 康有为：《答朱蓉生先生书》，载康有为《康有为全集（第一集）》，姜义华、张荣华编校，中国人民大学出版社 2007 年版，第 328 页。

③ 康有为：《康子内外篇》，载康有为《康有为全集（第一集）》，姜义华、张荣华编校，中国人民大学出版社 2007 年版，第 108 页。

④ 康有为：《康子内外篇》，载康有为《康有为全集（第一集）》，姜义华、张荣华编校，中国人民大学出版社 2007 年版，第 108 页。

⑤ 康有为：《南海师承记》，载康有为《万木草堂口说（外三种）》，姜义华、张荣华编校，中国人民大学出版社 2010 年版，第 234 页。

（二）康有为前后期思想中人性观念的一致

有一种观点认为，在戊戌之后，康有为放弃了其气一元论人性观的主张。譬如李泽厚认为，在1901年的康氏所著的《孟子微》中，康有为已经倾向于孟子的人性观，不再以告子的自然人性论为是。李泽厚认为此时的康有为将心知与体魄分开，重新承认了理学中所讲的“义理之性”①。张灏也认为，这一时期康氏的人性观向道德内在性倾斜，张氏指出：“他称人性中的‘神明’为‘德性’、‘性体’、‘明德’和‘魂灵’。无论他把它称为什么，都清楚地表明了它在康氏人的道德内在性思想中的首要地位。”②

笔者认为，《孟子微》是一本对《孟子》涵义进行阐发的书，尽管康有为的注经都是“以六经注我”的方式，利用经典来阐发自己的学术观点。但出于宣传变法，有着把自己打扮为儒学正统的需要，康有为不得不捍卫《孟子》的正统性，有时不得不将自己与经典不同之处曲为解释。孟子的人心向善说和康有为的自然人性论、通过认识学习向善说有着根本的不同，所以康有为在解释《孟子》时不得不利用一些有类理学“义理之性”的词汇。譬如他在评价告子的人性论时说“此告子不知精义入神之学，其有不得于言，勿求于心者，真告子之大谬”③。康氏在区分“魂”与“魄”时，在形式上也有些类似于朱熹理学中“义理之性”与“气质之性”的分别。譬如“魂魄之好不同，而常相战矣。然魂清虚而无凭者也，必藉魄乃为用。魄强实而无知者也，多背魂而自专”④。

但是，通过仔细辨析即可发现，1901年的康有为对“魂”和“魄”的区分，在根本上与理学的“义理之性”和“气质之性”之别，有着根本的不同。康有为在《孟子微》中所说的“魂”或“心”，仍然是指人

---

① 李泽厚：《中国近代思想史论》，生活·读书·新知三联书店2008年版，第119页。

② ［美］张灏：《危机中的中国知识分子——寻求秩序与意义（1890—1911）》，高力克、王跃译，中央编译出版社2016年版，第57页。

③ 康有为：《孟子微》，载康有为《康有为全集（第五集）》，姜义华、张荣华编校，中国人民大学出版社2007年版，第423页。

④ 康有为：《孟子微》，载康有为《康有为全集（第五集）》，姜义华、张荣华编校，中国人民大学出版社2007年版，第437—438页。

的认识能力。他仍然如同其早期思想一样，强调认识能力的决定性作用，如“天与有此形色天性，皆思所以觉后知”①。他在解释“心”时认为：“心者，人体之精灵，凡知觉运动，存记构造，抽绎辨决，情感理义，皆是也。”② 他在解释“魂”时，认为“故思最为人之主要矣。尝质而言之，心思之官，魂灵也”③。可见其都是主要从认识能力（智）上进行阐发的，而理学对于“义理之性”的观点却是人性固有的道德规范。因此两者有着根本的区别。康氏在《孟子微》中批判告子的观点，也是从告子没有主张人的认识能力出发的。强调认识能力是荀子、戴震的传统，也是康氏早期的主张，而在《孟子微》中仍是一以贯之。戴震强调，认识能力是自然人性论“从自然走向必然”的关键，通过上述分析可知，戊戌后的康有为仍然坚持这一观点。而且，另一方面，在《孟子微》中，康有为仍然坚持气一元论的哲学观点，反对朱熹理学的理气二元论。他指出“盖盈天下皆气而已，由气之中，自生条理……朱子未知生与气，即未为知性”④。康有为坚持气一元论，不承认理气二元论，因此他的理论中也就不存在理学中的“义理之性”的可能性。

因此，笔者认为，在二十世纪初的康有为，并没有抛弃他早期的气一元论人性论观点。不过，可以说他对自然人性论进行了继续发展。由于在《孟子微》写作之时，康有为的公羊学说已经相当成熟，后文即将指出，由于对实践和人性改造的强调，以及历史演化论的发展，康有为的人性理论已经有了历史维度，即在历史中看待人性。这在《孟子微》中已经相当明显。因此，虽然其自然人性论和荀子更为相近，但康有为创造性地把孟子的性善论和荀子的性恶论放置在时间维度上，各自肯定其合理性。他赞同性善论，是因为他视《孟子》专讲大同之义，即“孟子言大同者，故言性善，言圣人与人同，挤人人于青云之上，使人无自

---

① 康有为:《孟子微》，载康有为《康有为全集（第五集）》，姜义华、张荣华编校，中国人民大学出版社 2007 年版，第 433 页。

② 康有为:《孟子微》，载康有为《康有为全集（第五集）》，姜义华、张荣华编校，中国人民大学出版社 2007 年版，第 433 页。

③ 康有为:《孟子微》，载康有为《康有为全集（第五集）》，姜义华、张荣华编校，中国人民大学出版社 2007 年版，第 437 页。

④ 康有为:《孟子微》，载康有为《康有为全集（第五集）》，姜义华、张荣华编校，中国人民大学出版社 2007 年版，第 432 页。

弃，而共成平世。”[①] 在康有为的据乱、升平、太平三世历史进化论中，人性是在不断改变的，因此康有为的自然人性观发展成了历史人性观，他对孟子性善论的肯定也是置于未来太平世的大同社会的时间背景之中。同时，康氏也历史性地肯定荀子的性恶论，认为性恶论在据乱世是成立的，即“盖言性恶者，乱世之治，不得不因人欲而治之。故其法检制压伏为多，荀子之说是也”[②]。显然，就探究人性的视角而言，康有为和荀子、告子的自然人性论更为接近。但由于此时康有为通过其三世说建构了历史人性论，因此，可以在人性观上同时肯定孟子的性善论和荀子的性恶论，并将其置于某个特定的历史阶段去理解。

（三）实践：后天之习与人性的改造

综上，康有为作为气一元论的思想家，承认人的自然欲望，并且主张通过人的认识能力来探究伦理。从这些特征来看，康有为与戴震式的气一元论理路极为相似。然而，本书第三章已经指出，戴震强调认识，是站在静态观照的角度上认识人性的，他的理论并未承认人性的可变化性，因此他强调通过训诂的方法重新释读《六经》，以探寻古今不易的道。戴震的气一元论不强调实践对人性的塑造作用。康有为同样强调认识，表面上与戴震相似。但康有为又强调实践对人性的塑造作用，因此与戴震有相当的差别。李泽厚认为，康有为的人性观是“自然人性观”[③]，笔者认为这只突出了康有为强调人情欲望的一面。但另一方面，康有为又强调“今之所谓仁义者，积人事为之，差近于习，而非所谓性也……故以仁义为善，而别于爱恶之有恶者，非性也，习也”[④]。这里康有为不再单单从认识的方面理解仁，而是强调实践对仁的意义。对于人而言，自然的性并不是最重要的，后天实践的“习”更塑造了人的内涵。早年

---

① 康有为：《孟子微》，载康有为《康有为全集（第五集）》，姜义华、张荣华编校，中国人民大学出版社 2007 年版，第 437 页。

② 康有为：《孟子微》，载康有为《康有为全集（第五集）》，姜义华、张荣华编校，中国人民大学出版社 2007 年版，第 414 页。

③ 李泽厚：《中国近代思想史论》，生活·读书·新知三联书店 2008 年版，第 109 页。

④ 康有为：《康子内外篇》，载康有为《康有为全集（第一集）》，姜义华、张荣华编校，中国人民大学出版社 2007 年版，第 101 页。

的康有为即强调人的实践对形塑自身性质的主动性作用，他主张“夫有人形而后有智，有智而后有理。理者，人之所立”[①]，“故理者，诸圣人之积为也”[②]。由此可见，在康氏的理论中，理并不是完全客观存在的，而是由人主动塑造的，因此，康氏不认同仅仅主张认识理（戴震即认为理作为条理是待认识的）。就此而言，康有为对实践作用的强调使他的理论与戴震的理论拉开了距离，而和颜元的实践哲学有一定相似性。正是对实践的强调，使得相较于自然之性而言，康有为更强调后天之习。他认为“凡言乎学者，逆人情而后起也”[③]。从这种论述上看，同荀子“化性起伪”的主张相似。荀子强调礼在规范人上的作用，其化性起伪学说为实践思想奠定了基础，但另一方面，荀子又主张基于自然人性论的“性恶论”，其对人性的看法较为僵化和悲观。他的“化性起伪”只是对人性的约束而非改造，因此荀子思想中实践的积极性就被大大削弱了。康有为则不然，他不主张简单的性善论或性恶论。无论是性善论还是性恶论，都有潜在地僵化看待人性的倾向，进而削弱了实践对人性改造的可能。康有为则认为“凡为人者必相近也，不称善恶。至于习于善、习于恶，则人为之矣，故相远也”[④]“性只有质，无善恶”[⑤]。他虽借鉴荀子的化性起伪学说，但又批判荀子只是主张约束人性，因此带有的消极色彩，即“荀子之言性，若贾让、王景之治河，专主筑堤而迁民以防捍之”[⑥]。在康有为看来，实践应该发挥更重要的作用，以期能够移风易俗，他认为“其为是俗，非一时也，积日月年，积百十年，积千万年，于是积习深矣。欲矫然易之，非至逆安能哉；故其逆弥深者，其学愈至，其远于人

---

① 康有为：《康子内外篇》，载康有为《康有为全集（第一集）》，姜义华、张荣华编校，中国人民大学出版社 2007 年版，第 111 页。

② 康有为：《康子内外篇》，载康有为《康有为全集（第一集）》，姜义华、张荣华编校，中国人民大学出版社 2007 年版，第 111 页。

③ 康有为：《康子内外篇》，载康有为《康有为全集（第一集）》，姜义华、张荣华编校，中国人民大学出版社 2007 年版，第 102 页。

④ 康有为：《康子内外篇》，载康有为《康有为全集（第一集）》，姜义华、张荣华编校，中国人民大学出版社 2007 年版，第 101 页。

⑤ 康有为：《万木草堂口说（外三种）》，姜义华、张荣华编校，中国人民大学出版社 2010 年版，第 89 页。

⑥ 康有为：《孟子微》，载康有为《康有为全集（第五集）》，姜义华、张荣华编校，中国人民大学出版社 2007 年版，第 433 页。

愈甚，故所贵勉强行道也”[①]。这已经和龚自珍极端强调实践作用的“大伪明于天下”说极为相似了。

同时，他认为性善论的负面作用正是会导致忽视政治教化作用的倾向。他在1893年至1897年间所著的《春秋董氏学》中引述董仲舒的话“万民之性苟性已善，则王者受命尚何任矣……今万民之性，待外教然后能善，善当与教，不当与性”[②]。正是因为康有为主张性非善非恶，所以善和恶在康有为的思想中都是人的社会性的产物，因此是认识和实践的共同结果。他的人性观和他对实践意义的强调密切相关。在前章笔者曾经指出，颜元反对朱熹对气质之性的贬低，也反对孟子和王阳明的良知学说。在颜元的思想中未曾强调性的善恶，龚自珍直接反对性恶论和性善论。而上述两位气一元论思想家都以对实践的强调而著称。因为强调实践对人性的塑造作用，所以会对人性采取更开放而非僵化的理解。康有为早期的思想正是对这种思想传统的继承。正是对实践的强调，使得康有为的儒学趋向于政治儒学，即把儒学的重心转到政治实践中去。因为只有政治实践而非个人心性修养或经学训诂，才能形塑善的人性。重视实践是康有为转向春秋公羊学的内在原因。

（四）历史中的人性

同时，在康有为的早期思想中，也蕴含了历史演化论的因素。康有为早期的哲学是典型的气一元论哲学，他强调实践，主张人的本质是由人的实践所塑造的，这本身就意味着人的本质在不同的时期会有不同。他否定道德的超验性和形而上的性质，强调道德为人的认识能力和实践能力所塑造，本身就意味着道德可能会随时代而变易。在1886年氏著的《康子内外篇》中他就主张“仁、智，有定者也；义、礼、信，无定者也”[③]。这意味着在康有为看来，“义、礼、信”等教条必须根植于人情，

① 康有为：《长兴学记》，载康有为《万木草堂口说（外三种）》，姜义华、张荣华编校，中国人民大学出版社2010年版，第122页。

② 康有为：《春秋董氏学》，载康有为《康有为全集（第二集）》，姜义华、张荣华编校，中国人民大学出版社2007年版，第385页。

③ 康有为：《康子内外篇》，载康有为《康有为全集（第一集）》，姜义华、张荣华编校，中国人民大学出版社2007年版，第109页。

因此可以随着历史变化而变化而没有一个恒定的形态。康有为在接受了春秋公羊学之后，利用“张三世”的框架，只把礼作为“据乱世”和“升平世”的准则，其思想源头正在于此。而对于“智”而言，康有为认为“智”代表的人类认识能力是道德的源头之一，没有“智”，则人将无法实践，不再有道德存在。所以在康有为看来“智”在任何时代都是需要的。但康有为认为“智”本身也随着人类演化中实践的发展而不断发展，人的认识能力并不是僵化的。“仁”同其他道德教条不同，仁本身就是社会性的人类具备的自然情感，它不依赖于教条而存在；另一方面，作为情感的仁不依赖于特定社会状况而存在，在不同的历史时期和社会状况下可以有不同的表现形式。所以康有为也强调仁的普遍性，并认为仁是所有时代政治实践依凭的准则。这正为康有为在《大同书》中强调仁的地位奠定了基础。

萧公权和汤志钧等学者认为，康有为利用“张三世”学说阐述历史进化论是为了其变法的政治需要。而笔者则认为，在康有为早期的气一元论思想中，就已经蕴含了历史演化论的基本要素。康有为早期即强调实践，这和他后来利用“张三世”框架阐述自己以实践为特征的历史进化论的逻辑是一致的。事实上，这种做法并非康有为独创，龚自珍就曾利用三世说的框架发展自己气一元论的历史进步论，康有为是对这一传统的继承。在戊戌变法时期和写作《大同书》时期，康有为的历史进化论主张是和他早期气一元论的理论发展相关联的，而不是简单地为了政治需要而炮制的。

综上所述，康有为的早期思想呈现出明显的气一元论特征，而且对整个清代气一元论思想的发展做了综合提炼的工作。而这种特征正是他之后发展的大同思想的基础。气一元论以社会存在为出发点，认为道德是由社会存在产生而非相反。这促使康有为对于新兴的西方物质文明和政治文明持有正面态度，而非根据道德教条对其一律排斥。一方面，他吸取戴震强调人的自然情感欲望以及认识能力是道德的基础的思想，他主张人的自然欲望具有天然的合理性，这为他后来大同思想中强调不断发展人的欲望，以人的欲望发展为历史进步动力的思想奠定了基础；另一方面，他吸取了颜元重视实践的思想，认为人的本质是由人的积极实践活动塑造的。这和他对春秋公羊学说的接受有着密切的关系，因为公羊学以通过实践开创新的政治局面为特征。在康有为的大同思想中，三世之间的进化过程正是通过人的实践而产生的。对实践的主张使得康氏的大同学说不是简单的乌托邦思想。同时，重视实践的思想也意味着，对于当下的社会存在，不应一味接受，而是应在其基础上进行改造，以为人类塑造更好的社会生活。因为对实践的重视，强调“习”的作用，康有为对于新兴的西方物质和政治文明不是一味地接受，而是对其缺点予以批判和揭露，试图找出更有利于人类充分发展的社会，这正是他的大同理想。因此，康有为早期的气一元论思想为他后来成熟的大同理想构建了基础。

二 大同思想的基石

（一）康有为大同思想同儒家的关系的争论

从《大同书》的内容来看，康有为的大同思想和西方政治思想中的乌托邦、空想社会主义有诸多相似之处。所以，部分研究西方乌托邦传统的学者认为，康有为“完全是以西学观念阐释中国传统”[①]。虽然康有为重视西方文化，而且曾经在《大同书》和《孟子微》中提到法国空想社会主义者傅立叶，但康氏本人不谙外语，而当时翻译的西方思想类书籍极其稀少，所以他不能够系统地阅读西方思想书籍（关于康有为三世进化说和严复译《天演论》的关系，下文再论），其所读西书多有关介绍西方国情和科技类的翻译书籍。康有为在其万木草堂为学生所教授的课程中，仍然是以中国固有的学术为主体。他对西学的注意，主要集中在两个方面，一是西方的政治、法律、外交制度，二是西方的数学、自然科学与技术[②]，我们并未发现他对西方的哲学和政治思想有所注意。康有为重视研究西方的社会、政治制度，但他审视西方政治制度的眼光，是出自他具有他自己色彩的儒学视野。他在1891年写给朱一新的信中认为：“以西人之学艺政制，衡以孔子之学，非徒绝不相碍，而且国势日强，教

① 陈周旺：《正义之善：论乌托邦的政治意义》，天津人民出版社2003年版，第84页。

② 康有为：《桂学答问》，载康有为《万木草堂口说（外三种）》，姜义华、张荣华编校，中国人民大学出版社2010年版，第153页。

藉以昌也。"① 并且特别反对"稍知西学，则尊奉太过，而化为西人"②的做法。

笔者认为，康有为对西学的态度也绝非将儒学比附于西学。儒家本来就强调"道不离人伦日用"。而康有为继承了儒学中"气一元论"的传统，在气一元论看来，道不离器，而且道是根据器的情形产生的。上章曾经指出，在康有为之前，包括章学诚、魏源等气一元论儒家的先行者，都认为应该重视随着历史进展而产生的新的"器"，并由此推演新的规则。而在康有为的时代，西方的社会、政治制度和工业文明进入中国思想家的视野。而西方的新制度与新器物都属于新的"气（器)"，因此在秉持气一元论观点的儒者看来，必须在这种新的"气"的基础上思考道（康有为信中的论敌朱一新秉持理学观点，由于理具有超验性，因此对于西方新的"器"持排斥态度)，但这种思考方式仍然属于气一元论儒家的范畴，而非如严复般援之以西方的"道"。因此康有为注重西方的物质和制度文明，但并非从西方的思想出发，而是在气一元论儒家的思路上继续前进，就不难理解。所以，康有为其实是不能系统地从西方思想中汲取养分的。而《大同书》本身结构严整，绝非一本堆砌各家思想的百衲本著作。

也有论者认为《大同书》披着推崇孔子的外衣，实际上却以佛教思想为基础。其论据是《大同书》开篇关于人生之苦的看法同佛家的"苦谛"说相似，但是康有为的求乐哲学与佛教的取向是不同的，他关于人生之苦的论点固然很可能受佛教的启发，但《大同书》的哲学根基和佛教并不相同。康有为撰写《孔子改制考》，认为孔子为万世立法，后半生一直努力将中国构建为孔教社会，考察《大同书》同儒家的关系十分有必要。

毫无疑问的是，康有为关于大同社会的思想和传统的儒家在外表上大相径庭，儒家强调家庭伦理，维护礼制和等级秩序。这些在《大同书》

---

① 康有为:《答朱蓉生书》，载康有为《康有为全集（第一集)》，姜义华、张荣华编校，中国人民大学出版社 2007 年版，第 324—325 页。

② 康有为:《答朱蓉生书》，载康有为《康有为全集（第一集)》，姜义华、张荣华编校，中国人民大学出版社 2007 年版，第 324—325 页。

中都被取消，而且多为之后的儒家学者所不认同。梁漱溟早年在《东西文化及其哲学》中激烈地批判康有为“根本不曾得到孔家意思”，其见解“与墨子、西洋同其浅薄”①，在梁漱溟看来，儒家讲的“仁”是指的“极有活气而稳静平衡”②，所以梁漱溟激烈批判不满足于现世的康有为大同思想不足为奇。此外，钱穆指出康有为的学说“变儒为墨”，牟宗三认为康有为《大同书》去国去家的思想不但背离了儒家，而且“把人的一切都剥夺掉，只剩下一个孤零零的个体”③。实际上，启发康有为大同思想的《礼记·礼运》篇，也曾受到古今儒者的怀疑。本书第二章曾指出，儒家多推崇三代之治，但《礼运》开篇推崇高于三代的大同，所以自宋代以来，该篇屡遭质疑。譬如朱熹认为《礼运》“似与老子同，曰不是圣人书”④，近代学者如梁漱溟、冯友兰等也认为该篇受老子思想影响较深。

（二）康有为的历史进步论的来源

实际上，正如本书第二章所指出的。传统儒者都是将儒家规范看作同一空间内去实践的，其历史观多是历史循环论。道本身和历史无关。然而正如上一章所指出的，自气一元论兴起后，在章学诚、魏源和龚自珍等思想家都发展出了“道在历史之中”的历史演化理论。实践与历史演化思想的结合，使得龚自珍将公羊三世说与历史进化论结合，将三世说真正改造成了历史进化论，并将儒家规范分别置于三世之中，意味着某些儒家规范只具有历史性的意义，通过实践将有新的规则得以确立。前文提到，在康有为的早期思想中，即有强调实践和历史的气一元论倾向。他采取了龚自珍式的三世学说范式，正是基于其哲学存在论基础的相合。

康有为继承了龚自珍的三世进化论，但他个人创造性地将其与《礼运》的大同社结合起来，利用进化论来弥合《礼运》大同思想与其他儒家伦理的差异，通过这种方法，更彻底地把在空间维度上亘古不变的儒

---

① 梁漱溟：《东西文化及其哲学》，上海人民出版社 2006 年版，第 131 页。

② 梁漱溟：《东西文化及其哲学》，上海人民出版社 2006 年版，第 123 页。

③ 牟宗三：《道德的理想主义》，吉林出版集团有限责任公司 2011 年版，第 61 页。

④ （宋）黄士毅编：《朱子语类汇校》，徐时仪、杨艳汇校，上海古籍出版社 2016 年版，第 2268 页。

家的“道”转化为不同时间维度上的存在，儒家的伦理和社会理想只在不同的历史阶段各自起着重要作用，譬如孟子曾提出“君子之于物也，爱之而弗仁；于民也，仁之而弗亲。亲亲而仁民，仁民而爱物”[①]，本来亲亲、仁民、爱物在孟子那里是一个人的个人修为三部曲，而康有为将其理解为不同历史阶段各自适用的规范：“乱世亲亲，升平仁民，太平爱物，此自然之次序，无由躐等也”[②]。同样地，康有为把儒家对家庭推崇的看法认定是乱世采取的合理措施“故家者，据乱世人道相扶必需之具而太平世最阻碍相隔之大害也”[③]，对于历代儒家讨论甚多的文质关系、重农思想等问题，康有为也都放在历史的维度上进行了辩证的新解答：“野蛮之世尚质，太平之世尚文。尚质故重农……太平之世无所尚，所最尚者工也。”[④] 所以儒家学说在康有为那里并不像钱穆所说的“变儒为墨”，而是认为儒家的合理性在于历史条件，时势使然，不可用大同之法否定小康，也不可用小康之法否定大同。许多儒家学者不认为康有为属于儒家，就因为康有为不承认儒家的规范在时间上的普适性，他所主张的是“孔子道主进化，不主泥古，道主维新，不主守旧，时时进化，故时时维新”[⑤]。这正是自章学诚以来的气一元论儒学历史演化理论对先秦儒家的突破之处，康有为正是继承了这一思想脉络。

康有为糅合《礼运》大同篇和公羊三世说，建构了独特的历史进步论的观点。据张汝伦等学者的研究，这种历史进步论的理论建构时间在严复翻译《天演论》之前，而康有为的历史进步论和社会达尔文主义有着根本的区别[⑥]，康有为曾撰文专门反对这种只强调利益竞争的进化论。在《大同书》虽然康有为多次使用“天演”一词，但其意义和严译《天演论》根本不同。只不过是对当时流行名词的借用而已。康有为的历史

① 《孟子·尽心上》。

② 康有为:《大同书》，姜义华、张荣华编校，中国人民大学出版社2010年版，第83页；另参见康有为《孟子微》，载康有为《康有为全集（第五集）》，姜义华、张荣华编校，中国人民大学出版社2007年版，第415页。

③ 康有为:《大同书》，姜义华、张荣华编校，中国人民大学出版社2010年版，第156页。

④ 康有为:《大同书》，姜义华、张荣华编校，中国人民大学出版社2010年版，第276页。

⑤ 康有为:《孟子微》，载康有为《康有为全集（第五集）》，姜义华、张荣华编校，中国人民大学出版社2007年版，第455页。

⑥ 张汝伦:《现代中国思想研究》，上海人民出版社2014年版，第57页。

进步论和公羊经学的“三世”论也区别甚大，公羊经学并没有认为儒家规范是只适用于某个历史阶段。康有为与其说是复兴了公羊“三世”说，不如说他借用了这种说法而已。

（三）经过改造的“仁”

康有为认为儒家的家国规范只是在某个历史阶段起重要作用，儒家的许多经典如《诗》《礼》，都只在据乱世和升平世起作用[①]。这样，康有为与传统儒家样貌迥异。不过在从据乱世、升平世到太平世的进步中，康有为仍然把“仁”贯彻始终，作为其大同学说的重要基石之一。

孔子将仁归结为“己欲立而立人，己欲达而达人”的忠道以及“己所不欲，勿施于人”的恕道，孟子认为恻隐之心和不忍人之心是仁的基础。康有为继承了这一点，将仁作为其政治学说最根本的基础，正如他在《孟子微》中所说“论治法则本于不忍之仁”[②]“故其道只有一，一者仁也，无论乱世平世，只归于仁而已”[③]。

传统儒家仁、礼并重，孟子一脉重视仁，荀子一脉重视礼，康有为在仁、礼之间的关系问题上推重孟子而轻视荀子。礼较为强调等级秩序，而仁隐含着对人的普遍尊重和“我”与“人”的对等资源，有利于推出平等的理念[④]。但毕竟儒家强调“爱有差等”。事实上正如第二章指出的，在儒家传统中，仁和礼都是不可或缺的。固然，儒家重视人的自然感情，以人伦日用为道之本，仁是人的感情中最为重要的一种。但礼的存在的必要性在于，人存在欲望的泛滥失度、偏执一端的可能。礼乐一方面触发人的感情，另一方面也节制人的感情。正如洪涛教授在分析儒家的政治哲学时指出的“人性情之偏乃人之常情，非能改造，非能完善……正

---

① 康有为：《论语注》，载康有为《康有为全集（第六集）》，姜义华、张荣华编校，中国人民大学出版社2007年版，第425页。

② 康有为：《孟子微》，载康有为《康有为全集（第五集）》，姜义华、张荣华编校，中国人民大学出版社2007年版，第411页。

③ 康有为：《孟子微》，载康有为《康有为全集（第五集）》，姜义华、张荣华编校，中国人民大学出版社2007年版，第414页。

④ 高瑞泉：《论平等观念的儒家思想资源》，《社会科学》2009年第4期，第123页。

因人之性情有偏颇，故需以礼乐正之，使情之发归于正”[1]。在孔子的传统中，礼乐基于人情，所谓“人而不仁，如礼何？人而不仁，如乐何？”[2]，同时礼乐是使得人情归于“无过，无不及”适当境界的必要途径，这种境界就是中庸。在《礼记》中，记载了孔子对礼和“中”这一境界的关系的理解。

> 子曰：“师！尔过，而商也不及。子产犹众人之母也，能食之，不能教也。”子贡越席而对曰：“敢问将何以为此中者也？”子曰：“礼乎礼。夫礼，所以制中也。”[3]

因此，礼在孔子的传统中起着基于人情又节制人情的作用。但笔者认为，由此也可以发现礼在儒家伦理中地位的前提，那就是在孔子看来，人情之偏，是难以避免的，这样才有礼存在的必要性。这意味着孔子对人情的改造不保持积极态度，因此在孔子思想中，缺乏实践这一维度。礼固然可以随着人情的变化而变化，但孔子没有期望礼能够根本上改造人性。这也是为什么朱熹等儒者否认《礼运》中的大同、小康之别是儒家思想。因为承认了由小康到大同的改造和跨越，就意味着可以对人情进行根本的改造，那就否定了礼治的永恒价值。

只有在荀子一系的儒家思想中，才赋予“礼”以实践色彩。荀子认为礼的作用在“化性起伪”，这意味着礼有改造人性的潜力。但荀子这样做又割裂了礼和人情自然之间的关系，否认礼基于自然人性，和孔子对礼的理解有根本的差异。因此荀子思想只能是儒家中的异端。

正如前文所述的，在从王夫之到龚自珍的气一元论哲学的不断发展中，一方面儒家强调人情自然的传统被重新发现，但另一方面实践的地位越来越得到强调。从颜元开始，就主张人性是可以被实践塑造的。颜元尚强调礼，但这已成为他的思想体系中的迂阔之处了。荀子这一异端

---

① 洪涛：《〈论语〉之政治学——“为政以德”章释义》，载洪涛《本原与事变：政治哲学十篇》，上海人民出版社2009年版，第66页。

② 《论语·八佾》。

③ 《礼记·仲尼燕居》。

在清代儒者思想中的地位愈发重要，也侧面反映了清代气一元论思想对实践的强调。在龚自珍那里，更强调“大伪明于天下”“小伪不如大伪”，这已经主张实践是可以改造人性的。那么礼治基于人情之偏的理论基石就越来越被撼动，因为人情之偏有被实践改造的可能性。康有为正是继承了这种强调实践的气一元论传统。面对西方新颖的物质文明和政治文明这一新的“器”，康有为更强调实践在改造人情、人性上的可能性了。所以仅仅旨在调解人性之偏的礼在其理想社会构造中就不会存在其地位。在康有为的大同社会构想中，强调人的欲望可以不断推进进化，而不再主张依照礼制对欲望进行节制，其原因也正在于此。因为康有为强调实践在对社会的改造中，欲望的推进可以不再败坏社会秩序和个人修养。

所以康有为把礼放置在其三世历史进化论中的某个环节中，礼只具有历史意义，而非终极理想。主张“礼”只是据乱世和升平世才存在的现象：“礼者防检于外，故仅有小康之制”[①]，正是在据乱世和升平世的物质不充裕的前提之下，防止人情在物质不充裕的情况下泛滥所导致的社会失序，礼才会存在。而仁却是贯穿据乱、升平、太平世的大通则，他认为包括朱熹在内的儒家后学“多言义而寡言仁，知省身寡过而少救民患”[②]，因此“蔽于据乱之说而不知太平大同之义”[③]，因此“仁”的重要性被康有为凸显，“故其道只有一。一者仁也，无论乱世平世，只归于仁而已”[④]。仁本身就是人类的自然情感，只要有人类社会存在，就有仁的土壤。因此在康有为的思想体系中，对仁的强调并不意味着他走向唯心论。仁在《大同书》的整个结构中起着自然义务的重要作用，其他规范（如主乐主义）必须要符合“仁”这一自然义务。儒家的仁本是爱有差等的，但是《礼运》篇则更提倡“人不独亲其亲，不独子其子”[⑤] 的大同，

① 康有为：《孟子微》，载康有为《康有为全集（第五集）》，姜义华、张荣华编校，中国人民大学出版社 2007 年版，第 411 页。

② 康有为：《孔子改制考》，姜义华、张荣华编校，中国人民大学出版社 2010 年版，第 1 页。

③ 康有为：《孔子改制考》，姜义华、张荣华编校，中国人民大学出版社 2010 年版，第 1 页。

④ 康有为：《孟子微》，载康有为《康有为全集（第五集）》，姜义华、张荣华编校，中国人民大学出版社 2007 年版，第 414 页。

⑤ 《礼记・礼运》。

“爱有差等”则为小康之制，所以推己及人的仁就能够成为平等的基础。在《大同书》中所讲的“平等”，其基本逻辑就是“己欲立而立人，己欲达而达人”的仁的忠的一面所推出的原则，而“自由”由“己所不欲，勿施于人”的恕的一面所推出。其虽然套用了自由、平等这样的舶来词汇，却和西方自由主义所讲的消极意义上的自由、平等的政治权利有根本不同，康有为是从积极实现的角度上利用这两个名词。所以他对女性的政治以及社会权利多有阐述，而“平等”和“自由”都是作为人的自然情感的“仁”的推己及人的必然结果。

康有为的历史进步论是他自己结合儒家传统思想而阐发的，但不是他凭空想象的结果。《礼运》虽然激发了康有为的想象力，但《礼运》的大同篇并未强调物质问题，描述的是一个小农社会的理想图景。康有为则不然，他极力强调机器的重要性。康有为对科技发展极为乐观。科技不但能够使人的“乐”推广到最大，而且也推广“仁”到最大。譬如他相信科技将来能使“有能代肉品之精华而大益相同者，至是，则可不食鸟兽之肉而成仁矣”①。可见科学技术在康有为的历史观中起着推动历史发展的重要作用。康有为多注意西方社会情况，在《大同书》著成前就广泛游历各国。西方的政治制度和高度发达的物质文明，对他影响颇大，正是基于此，历史进步论和《礼运》篇的社会理想才能被他重新激活。但是西方政治和哲学思想对他的影响是有限的，大同理想的思想资源还是中国传统思想中儒家的“仁”所提供的梁启超认为《大同书》在没有汲取西方思想基础上却和西方社会主义思想多所契合，而“陈义又所高之”，笔者认为《大同书》之所以“陈义高于西方”，原因是西方二十世纪前的超越性政治思想是从人的“类本质”出发，以解放人的“异化状态”，也即强调人的某种应然的共性，而“类本质”只限于人类之间。但儒家思想中的仁则不同，孟子认为，仁源于人的“恻隐之心”，它不但存在于人与人之间，也确实存在于人与动物之间。孟子肯定“君子之于禽兽也，见其生，不忍见其死；闻其生，不忍食其肉。是以君子远庖厨也”②。康有为通过他的历史进步主义和科技给他带来的自信认为“（杀

① 康有为:《大同书》，姜义华、张荣华编校，中国人民大学出版社 2010 年版，第 320 页。
② 《孟子·梁惠王上》。

生）至太平世，乃当全戒之”[①]。在大同社会，人类对于动物应该“亲之爱之，怜之恤之，用之而食之衣之，其斯为大同之至仁乎！”[②]《大同书》的这些思想特色，是因为其中国传统思想中情本体的核心概念“仁”的思想基础与西方的不同。

（四）气一元论儒学人情主张的继续：“主乐主义”[③] 与西方功利主义的对比

康有为对物质文明的极度肯定，和他继承了气一元论的思想体系密切相关。本来儒家就有强调人情自然的传统，在自王夫之以来的气一元论中，戴震等思想家更强调人类情感的自然合理。在《大同书》中康有为对“乐”和“苦”的论述中也提到了许多佛教的概念。但是笔者认为，晚清思想家在儒学基础上对其他思想的选择性吸收，不止局限于西方思想，也包括中国的佛、道、先秦诸子思想。康有为对佛教苦乐思想的选择性吸收，也是基于他气一元论儒学的思想基底。这种基底是由王夫之和戴震以来的气一元论思想脉络奠定的。

前文已经指出，随着对礼的扬弃，在康有为的理论中更无节制欲望之必要。康有为在《大同书》第一章中，曾经开宗明义地认为目前人类社会最大的问题就是“苦”。他列举了人世间许许多多苦的种类，那么，反过来，人类的价值目标就应该是“乐”或者说是幸福。所以康有为在《大同书》开篇明确提到对于人的道，只有合适不合适，不合适的就是苦，合适的就是乐，人的道不过是苦乐罢了，替人类着想的方法，只有去苦求乐“故夫人道只有宜不宜，不宜者苦也，宜之又宜者乐也，故夫人道者依人以为道，依人之道，苦乐而已，为人谋者，去苦以求乐而已”[④]。康有为认为能让人有快乐没痛苦，这就是善：“能令人有乐而无

---

① 康有为：《孟子微》，载康有为《康有为全集（第五集）》，姜义华、张荣华编校，中国人民大学出版社 2007 年版，第 457 页。

② 康有为：《大同书》，姜义华、张荣华编校，中国人民大学出版社 2010 年版，第 83—84 页。

③ “主乐主义”是梁启超对乃师大同思想的界定。

④ 康有为：《大同书》，姜义华、张荣华编校，中国人民大学出版社 2010 年版，第 6 页。

苦，善之善者也。”① 康有为把善这一伦理和政治概念建立在人的主观感受——快乐之上。康有为不赞同朱熹等理学家对欲望的否定，这和戴震以来的传统是一脉相承的。康氏认为这种修身的宗旨“陈义太高”，康氏对人的欲望给予了相当肯定，比如在情欲方面康有为认为“若夫夫妇之道，异体合欢，以爱为宗旨，以恋为实行”②，在大同社会中“交合之事，人人各纵其欲而给其求，荡荡然无名无分，无界无垠，唯两情之所属”③，对同性恋康有为也持包容态度：“固又有好男色者，苟非由强合者，则无由禁之”④。康有为之所以对欲望如此开放，是因为在他的思想体系中，欲望本来就是其理论的出发点之一。

这样乍一看来，康有为的主乐主义和西方以边沁为代表的功利主义思想十分相近。但是在政治理想中，康氏和西方功利主义差异甚大。其原因在于，与功利主义不同，康有为并不是谋求在一个社会中怎样把快乐或者说幸福加总到最大，以至于可以牺牲一部分人的幸福来使得社会幸福总量最大。康有为的理想在于努力让每个人都能享受到极乐；另外重要的是，康有为不是像功利主义者那样静态地去观察人的乐与苦，而是把乐建立在基于人类之为人的潜能之上，去观察人的潜能最终能够实现多少快乐，并去努力实现它。在这个意义上，康有为把实现快乐的潜能托之于“天”和“权”这些概念上，譬如他在提倡妇女解放时经常提到“凡人皆天生，无论男女。人人皆有天与之体，即有自立之权”⑤。在这里的“天赋人权”不是西方自由主义消极意义上的保障层面的权利，而是积极意义上的实现的权利，它意味的是每个人都有实现极乐的可能性和应然性。在康氏理论中，有些人可能以自己目前状态为满足，反以可能实现的幸福潜力为不快乐，譬如他在论述女性解放问题上的举例：

> 吾谓：卿等具有才学，何不求为议员？议长诸女胡卢大笑，谓

① 康有为：《大同书》，姜义华、张荣华编校，中国人民大学出版社2010年版，第49页。
② 康有为：《大同书》，姜义华、张荣华编校，中国人民大学出版社2010年版，第47页。
③ 康有为：《大同书》，姜义华、张荣华编校，中国人民大学出版社2010年版，第310页。
④ 康有为：《大同书》，姜义华、张荣华编校，中国人民大学出版社2010年版，第311页。
⑤ 康有为：《大同书》，姜义华、张荣华编校，中国人民大学出版社2010年版，第95页。

吾为女子，例不得预。目吾为狂。[1]

康有为认为，这是人的潜能被压抑太久的结果：“盖遏抑既久，受为固然，逡退安分，反目人权为谬妄。”[2] 此例可说明康有为所提到的权利是一种积极的实现意义上的权利。而西方功利主义学说中，隐含着的前提是一个人的“效用总和”是固定的，而政治的功用是怎样把这些固定的效用加总最大，正如马克思所指出的“古典经济学从来就喜欢把社会资本看成是一个有固定作用程度的固定量。不过这种偏见只是在庸人的鼻祖耶利米·边沁手里……才确立为教条。”[3]，功利主义学说实质上“把现代的市侩，特别是英国的市侩说成是标准的人”[4]。西方功利主义由于受英国政治经济学的影响，其根本特点在于它为现存的市民社会辩护，马克思和恩格斯认为“经济学内容逐渐使功利论变成了替现存事物的单纯的辩护”[5]。所以康有为的“主乐主义”和西方功利主义相差较远。先秦儒家中孔子、孟子、荀子对于人的欲望都不持否定态度，可能对康有为有所启发，康有为由于采取历史主义的儒学观，将儒家中最能节制欲望的“礼”认为是“据乱世”和“升平世”才有的社会现象[6]，所以康有为创造出一套“主乐”主义其来有自。

但需要指出的是，尽管“主乐主义”在《大同书》开宗明义地提出，却并不能独自构成支撑大同社会的哲学基础，只凭借“主乐”难以解释“大同社会”构想中关于人类平等，其次无法解释康有为主张的不伤害动物、素食主义的观点。仁、主乐主义和历史进步论有机地共同构成了整部《大同书》的思想基石。

---

① 康有为：《大同书》，姜义华、张荣华编校，中国人民大学出版社2010年版，第92页。

② 康有为：《大同书》，姜义华、张荣华编校，中国人民大学出版社2010年版，第92页。

③ 马克思：《资本论（第一卷）》，载《马克思恩格斯文集（第5卷）》，人民出版社2009年版，第704页。

④ 马克思：《资本论（第一卷）》，载《马克思恩格斯文集（第5卷）》，人民出版社2009年版，第704页。

⑤ 马克思、恩格斯：《德意志意识形态》，人民出版社2018年版，第109页。

⑥ 康有为：《论语注》，载康有为《康有为全集（第六集）》，姜义华、张荣华编校，中国人民大学出版社2007年版，第385页。

三 大同社会性质辨析:非乌托邦

对于康有为的《大同书》描绘的大同社会的性质问题，各家歧异颇多。梁启超认为该书“与今世所谓世界主义、社会主义者多合符契”[①]。萧公权认为《大同书》描绘的是一“有效的乌托邦”[②] 的社会主义。新中国成立初的国内政治家和学者却多不承认该书思想的社会主义性质。毛泽东在《论人民民主专政》中认为“康有为写了《大同书》，他没有也不可能找到一条到大同的路”[③]，也即认定《大同书》的乌托邦性质。汤志钧认为《大同书》思想反动，是康晚年麻痹群众和主张保皇复辟的理论基础[④]。李泽厚认为该书基本上是康有为早期主张资产阶级民主、自由的进步思想，但其存在欺骗性和虚伪性[⑤]。晚近的研究多肯定《大同书》为中国式的空想社会主义和乌托邦著作。

《大同书》里的主张，包括公有制、去除家庭、生产社会化、去国界，都是典型甚至激进的社会主义主张，很显然不可能是资产阶级思想。康有为认为《大同书》中的思想不适合于中国现实，所以对该书稿始终秘不示人，他也不会利用该书去主张保皇等等。因此，《大同书》的社会主义性质是可以确定的。

那么，《大同书》是不是乌托邦和空想社会主义呢？乌托邦（Utopia）一词产生于西方，来源自托马斯·莫尔的名著《乌托邦》。莫尔此书上篇描绘了英国和法国的不义的现实社会，下篇描绘了航海家在乌托邦岛的对美好社会的见闻。上下篇的截然分开刻意展现了乌托邦和现实社会无所联系。柏拉图在《理想国》中的“洞穴隐喻”凸显的是理想政体和政治现实的对立，康帕内拉的《太阳城》和莫尔学说一样，将理想社会假设在遥远的海岛之上。诸如此类，都是强调乌托邦的最根本意义在于它的空间性质而不是时间性质。正如陈周旺指出的“乌托邦与

---

① 梁启超：《清代学术概论》，上海古籍出版社 1998 年版，第 82 页。

② 萧公权：《康有为思想研究》，汪荣祖译，中国人民大学出版社 2014 年版，第 298 页。

③ 《毛泽东选集》，人民出版社 1991 年版，第 1471 页。

④ 参见汤志钧《康有为的大同思想与〈大同书〉》，上海人民出版社 2016 年版。

⑤ 李泽厚：《康有为谭嗣同思想研究》，上海人民出版社 1958 年版，第 122 页。

政治现实在时间上的平行并未引发当下的积极行动，相反，由于着重的是遥远的空间意义，乌托邦在时间上则体现为期待，而无积极找寻的意味”①。也就是说，西方乌托邦思想设计乌托邦着眼于对现实社会的批判，很少将其放在历史维度中考察其实现的可能性。这是乌托邦一词所具有的核心意涵。从此角度出发，中国传统思想中老子的小国寡民，《礼运》中的大同社会和陶渊明的桃花源是比较典型的乌托邦。

空想社会主义本身是带有乌托邦色彩的社会主义学说，其代表人物是欧文、傅立叶、圣西门。恩格斯在《社会主义从空想到科学的发展》中曾精到阐发了空想社会主义的特点：“对所有这些人来说，社会主义是绝对真理、理性和正义的表现，只要把它发现出来，它就能用自己的力量征服世界；因为绝对真理是不依赖于时间，空间和人类的历史发展的，所以，它在什么时候和什么地方被发现，那纯粹是偶然的事情。”② 由此可见，空想社会主义和乌托邦相同的是，它们或忽视历史维度，或忽视找寻理想社会的现实力量和实践步骤。

由此而言，康氏的《大同书》是不是乌托邦和空想社会主义性质呢？首先，康有为自己不是这样看的。譬如他在讨论去除国家时就直接挑明了，这不仅仅是“仁人结想之虚愿”③，“然则欲弭兵而去国，天下为一，大地大同，岂非仁人构想之虚愿哉？”④ 又如，康有为在设想人类从有家到去家的过程，是一个“赴之有道，致之有渐，曲折以将之，次第以成之，可令人无出家之忍而有去家之乐也”⑤ 的渐进的过程，这说明了康有为是相信自己的理想有实现的可能性的。

康有为的理想是根基于现实的，他并不是以道德和理想的标准进行随意设想的理论家，这一方面可以从他的政治实践看出，尽管在《大同书》中他认为君主制会消亡，而在辛亥之后，他却做了前清的遗老。在《大同书》的部分篇章中，他也表现了循序渐进的政治态度。譬如自由，

---

① 陈周旺：《正义之善：论乌托邦的政治意义》，天津人民出版社 2003 年版，第 22 页。

② 恩格斯：《社会主义从空想到科学的发展》，载《马克思恩格斯选集（第三卷）》，人民出版社 2012 年版，第 788—789 页。

③ 康有为：《大同书》，姜义华、张荣华编校，中国人民大学出版社 2010 年版，第 220 页。

④ 康有为：《大同书》，姜义华、张荣华编校，中国人民大学出版社 2010 年版，第 220 页。

⑤ 康有为：《大同书》，姜义华、张荣华编校，中国人民大学出版社 2010 年版，第 157 页。

他就认为不是当时中国的当务之急，去着力实现自由是不恰当的；但是对于妇女解放他认为是当时中国的重要任务，因为这关涉到强国保种。

从前边分析康有为对儒家的态度已经看出，康有为对儒家伦理是放在历史语境中进行肯定，包括家庭伦理、孝道、男女之爱、仁、法律这些概念，都是特定历史环境下的产物，有其产生的原因，也将消亡，人类从据乱世、升平世到太平世的变化，也是一个人性、道德观念和行为准则不断变化的过程，这体现了康有为思想中具有历史唯物主义的一面，这个过程也说明康氏的政治构想是一个逐步发展、逐步升级的过程，绝不单单是理想的树立。

康有为也在其他学说中寻找推动社会发展的现实力量。康有为虽不是社会达尔文主义者，他认为天演论会导致人把竞争当作大义，就会导致强者凌弱，最后导致只有强者幸存；但是康有为也没有完全批判竞争。他首先肯定竞争源自自私，在保全人类中起到了不可磨灭的作用，“所以战胜于禽兽而独保人类，据有其地，实赖其自私竞争致胜之功”①，这意味着竞争在一定历史阶段有其积极意义，这再一次体现康有为思想中辩证的一面。在国家消亡的过程中，康有为再一次强调了竞争在其中可能取得的积极的作用：“世界进化，自分而合，乃势之自然……盖分并之势，乃淘汰之自然，其强大之吞并，弱小之灭亡，亦适以为大同之先驱耳。”② 在这里康有为将出于自私的国家间竞争视为国家数量减少的条件，并认为这是大同社会的先驱；康有为也探讨了现代工业的规律和工人运动的规律：

> 若夫工业之争，近年尤剧。盖以机器既创，尽夺小工，畴昔手足之烈，一独人可为之者，今则皆为大厂机器所攘，而小工无所谋食矣。③

① 康有为：《大同书》，姜义华、张荣华编校，中国人民大学出版社 2010 年版，第 314—315 页。

② 康有为：《大同书》，姜义华、张荣华编校，中国人民大学出版社 2010 年版，第 220 页。

③ 康有为：《大同书》，姜义华、张荣华编校，中国人民大学出版社 2010 年版，第 263 页。

康有为未曾接触过马克思主义，却能发现现代资本主义社会的规律，体现出他高出欧洲空想社会主义思想家之处，这也是他细心探究能够促成大同社会的因素的结果。他虽没有认为工人运动就能够推进大同，而是必须建立在“去家界”的基础上，但也承认工人运动的重要性“均产之说益盛，乃为后此第一大论题也”①。而且工人运动在“去国界”过程中也作用重大：

> 均产说出，工党日兴。夫国有君权，自各私而难合，若但为民权，则联合亦易。②

科技和物质文明的发展也在促进大同中起重要作用，譬如科技的发展能研制出肉类替代品，由此可以禁绝杀生。如此种种，可见康有为确实致力于寻找实现大同的现实条件，这也是康有为的历史进步论的意义所在。因此《大同书》不是乌托邦著作，也不可简单地称为空想社会主义，可以将其称之为带有儒家色彩的历史进步论的社会主义。

四　大同思想的独特可借鉴资源

梁启超指出：“有为著此书时，固一无依傍，一无剿袭，在三十年前，而其理想与今世所谓世界主义、社会主义者多合符契，而陈义之高且过之。”③《大同书》思想与西方社会主义思想相契合处甚多。如上文所述，这正是明清儒学中“气一元论”的传统和以爱尔维修等为代表的欧洲近代唯物主义思潮有相近之处，因此在面对工业社会时，也培育了社会主义产生的土壤。但是其不同之处值得更多思考，这也是从今天看检视《大同书》的意义所在。前文已经提到，康有为同西方社会主义思想家不同，提出了动物保护思想，其原因在于康氏汲取的儒家的“仁”的思想资源。除此之外《大同书》与西方空想社会主义还有诸多不同。

---

① 康有为：《大同书》，姜义华、张荣华编校，中国人民大学出版社 2010 年版，第 264 页。
② 康有为：《大同书》，姜义华、张荣华编校，中国人民大学出版社 2010 年版，第 221 页。
③ 梁启超：《清代学术概论》，上海古籍出版社 1998 年版，第 82 页。

康有为曾经听闻过傅立叶的学说，但从思想内容上来看，康有为的设想和马克思的共产主义更为相近。空想社会主义者少有提到彻底废除私有制和国家。而康有为和马克思相近之处有不少：二者或多或少都有一定的辩证法思想，都主张完全废除私有制，都对现代工业文明持乐观的态度（马克思在《共产党宣言》中认为资本主义社会大大解放了社会生产力，证明了人类活动的成就高度），都认为国家会消亡（马克思在《德意志意识形态》中认为共产主义不可能在某一地域或国家形成，必须在全球范围内建立；康有为认为欲急至大同，最难在去国①），都反对中央集权和官僚制度，欣赏地方自治和民主行政（康有为认为“有国则有争，则国政府之权不得不大，而地方自治之权不得不缩。此不特君主之国为然，即民主之国亦不得不然，势也！大同之世，全地皆为自治。官即民也，本无大小之分”②）。

从现在掌握的资料看，康有为并没有在写作《大同书》时接触过马克思主义，但他的思想之所以能高出以傅立叶为代表的空想社会主义，而更接近马克思的思想，笔者认为这和康有为继承了气一元论儒学中对历史进步论（章学诚、龚自珍的传统）和对实践的重视，因而其历史观和政治观具有辩证因素有关。通过这种辩证的思想，能把人类的社会现象放在宽广的历史维度上考察，所以康氏的思想和马克思有许多相近之处。

康有为和马克思思想所不同之处首先在于他们对人的潜能的判断，康有为对此认为是达到“极乐”，而马克思在《1844年经济学哲学手稿》当中认为是人能够通过劳动改造、再生产，按照美的原则改造整个自然界。马克思的判断更多地含有人的主体性的含义，不过康有为积极实现的幸福观与马克思的理想相比似乎要求低了一些，但也有相近之处。

前文提到，康有为也曾考虑到当时日渐兴起的工人运动，他曾说“近年工人联党之争，挟制业主，腾跃于欧美，今不过芽蘖耳”，他预判，劳工运动将来只会愈演愈烈，他认为“近者人群之说益昌，均产之说益

---

① 康有为：《大同书》，姜义华、张荣华编校，中国人民大学出版社2010年版，第280页。

② 康有为：《大同书》，姜义华、张荣华编校，中国人民大学出版社2010年版，第284页。

盛，乃为后此第一大论题也”[①]。从这一段可以看出，康有为不是没有认真考虑：日渐兴起的劳工运动会不会是他的大同社会得以实现的重要力量？但是康有为旋即考虑到他认为更重要的问题：家庭。康有为认为不管劳工运动怎样提倡均产，只要家庭在，私有制就不会被消灭：“然有家之私未去，私产之义犹行，欲平此非常之大争而救之，殆无由也。”[②] 所以康有为认定，大同社会的实现必须要去除私有制，而去除私有制必须要去除家庭，这是劳工运动做不到的。家庭会巩固人的私心，因此和共产是不相容的：“有家则一身而妻子待养，有国则陈兵而租税日增，以此制度而欲行共产之说，犹往南而北其辙也”“若去民私业，此事甚易，即在去人之家始也。即欲急去国界者，亦自去家始也。”[③] 对于去除家庭的执着，可看出康有为在现代社会主义思想中独树一帜之处：废除家庭的顺序优先。近代以前柏拉图的《理想国》和康帕内拉的《太阳城》等乌托邦著作也提出废除家庭，但是那毕竟是阶级斗争还不尖锐，工业文明尚未出现之前的著作。马克思主义也主张家庭终将消亡，但其次序在废除私有制之后。恩格斯明确提到“只有在新的社会制度因保留现存的形式而可能遭到损害时，我们才会干预夫妻之间的私人关系乃至家庭”“消灭私有制也必将对家庭关系产生极大影响[④]”。康有为则认为废除家庭必须先行于废除私有制，只要废除家庭，无须诉诸劳工运动也可实现大同，而废除家庭是一个缓慢的、渐进的、思想上逐渐被接受的过程。

应该承认，康有为的这一考虑有一定道理，单凭劳工运动和无产阶级革命，实现自觉、无私的劳动是有难度的。只要劳工存在有家之私的思想，就会难以废除私有制。马克思晚年在《哥达纲领批判》中认为，共产主义革命成功之后需要经历一个过渡阶段，此时工人阶级的精神觉悟没有达到自愿劳动的高度，所以要实行资产阶级法权的方式。工人之所以难以达到自愿劳动的高度，“有家”可能是重要因素之一。所以在共产主义思想中，去家和废除私有制的先后顺序值得进一步思考。

---

① 康有为：《大同书》，姜义华、张荣华编校，中国人民大学出版社2010年版，第264页。

② 康有为：《大同书》，姜义华、张荣华编校，中国人民大学出版社2010年版，第264页。

③ 康有为：《大同书》，姜义华、张荣华编校，中国人民大学出版社2010年版，第280页。

④ 恩格斯：《共产主义信条草案》，载马克思、恩格斯《共产党宣言》，人民出版社2014年版，第74页。

此外，在康有为的大同社会构想中，康有为认为虽然可以摒弃“竞争”尚不能去掉“争”的因素，因为“不争则将苟且而退化，人将复愚，则制作皆败”，所以大同社会中必须给予创新以奖励，因此需要设立奖智院，“盖太平之世无所争，其争必也创新乎？”[①] 在大同社会，金钱已经不再起作用，奖励创新可以用名誉来鼓励。而且康有为认为仍然需要一些方法来反对懒惰。这些都是认为共产主义社会中人将自由而全面发展的马克思所不会认同的。

笔者认为，这种区别的原因在于，康有为和马克思对人的基本判断有所不同。康有为强调人“去苦求乐”，劳动和创新即使在劳动得到解放的大同社会，多少还是存在“苦”的现象，人的觉悟达不到自愿劳动的高度。为了避免劳动和创新的荒怠，大同世界政府有必要进行奖励；马克思认为“通过实践创造对象世界，改造无机界，人证明自己是有意识的存在物”[②]，劳动的异己性在于“只要肉体的强制或其他强制一停止，人们就会像逃避瘟疫那样逃避劳动”[③]。也就是，在共产主义社会中，马克思判断消灭了异化劳动之后，劳动将是自愿的、自由的，所以也就不需要竞争、强制。但是，许多现代思想家认为，现代资本主义已经进入消费主义时代，所以劳动解放并不能导向自由。譬如汉娜·阿伦特指出，马克思的问题在于“劳动动物的空闲时间只会花在消费上，留给他的空闲时间越多，他的欲望就越贪婪和越强。这些欲望亦会变得越发精细，以至消费不止限于生活必需品，而主要集中在多余的奢侈品上。”[④] 从这看出，康有为认为的在大同社会中仍然需要对人进行一定的鼓励和强制这一点，是有其道理所在的，值得进一步探讨。

五 小结

康有为的大同理想是由其早年气一元论思想基础所奠定的。康氏气

---

① 康有为：《大同书》，姜义华、张荣华编校，中国人民大学出版社 2010 年版，第 303 页。

② 马克思：《1844 年经济学哲学手稿》，人民出版社 2014 年版，第 53 页。

③ 马克思：《1844 年经济学哲学手稿》，人民出版社 2014 年版，第 50 页。

④ Arendt, Hannah, *The Human Condition*, Chicago: The University of Chicago Press, 1958, p. 133.

一元论思想和同为今文家的龚自珍相似，康氏气一元论下的重人情、重实践和历史演化思想都得以充分论述发展。因此康有为强调人性的历史性，主张人性可由实践改造。所以他的大同理想有类似于历史唯物论的倾向，一方面主张不同的社会阶段需要不同的政治秩序，大同社会被置于未来。另一方面他的大同社会是一个人性充分解放、人得以全面发展的社会。

康有为在《大同书》中虽与传统儒家面貌迥异，但是经过改造的儒家的仁仍是大同思想的重要基础。仁、主乐主义、历史进步论三个要素贯穿整部《大同书》，是康氏大同思想的基石所在，大同社会是社会主义性质的，它汲取的西方政治思想养分有限，却能提出与西方社会主义相似的结论，从一个方面说明了中国传统思想中存在平等思想的资源。其与西方社会主义的不同之处也多是由其中国哲学的根基导致的。因此《大同书》是一部中国式的社会主义著作，可见在五四运动和十月革命马克思主义传播到中国之前，在康有为那里也存在着一种独立的带有中国思想色彩的社会主义，并且有可能继续对接受了马克思主义的毛泽东等社会主义者产生影响，这是值得进一步考察的。由于康氏思想的历史进步论取向，所以不能将《大同书》看作是空想社会主义或者乌托邦著作，其思想结构严谨，致力于探讨达到大同社会的历史进程和促成要素，在这一点上高于欧洲空想社会主义者，而多与马克思主义相似。康有为所提出的“先去家界”以及大同之后仍需竞争的理论不同于西方的社会主义理论，其存在一定合理性，值得继续研究。

第六章

刘师培社会主义式的无政府主义
——戴震式气一元论与心学实践观的结合

> 故吾人所持之说，在于实行人类天然的平等，消灭人为的不平等……以谋人类完全之幸福。①
>
> ——刘师培《无政府主义之平等观》

一　复杂而多变：刘师培的思想经历简介

本书所讨论的晚清社会主义是广义的社会主义，主张经济和政治平等、社会解放的无政府主义思潮也是广义社会主义中的一脉。刘师培是晚清无政府主义的重要代表，他所先后创办的《天义》和《衡报》是清末中国无政府主义的重要阵地。他所创的无政府主义流派被称为"天义派"，和旅法中国留学生所创建的"新世纪派"并列为晚清无政府主义的两大派别。

刘师培本人的思想面貌是极为复杂和多变的。他本人是一名国学大师，从其学问思想的广度而言，除了其政治与伦理思想之外，他还是清代汉学扬州学派的殿军，并且和章太炎同为晚清古文经学的代表，在攻击康有为的今文学派上用力甚多。他和邓实、章太炎是清末"国粹主义"的重要代表，提倡"复兴古学"，刘氏提倡的古学是对中国的纲常伦理和西方现实的综合性批判；在语言学上刘师培还是世界语的重要倡导者。

---

① 申叔（刘师培）：《无政府主义之平等观》，《天义》第7卷，1907年9月15日。

刘师培浸淫于汉学很深，他的思想受中国传统影响很大，然而在与西方的接触中，他又对中国的政治和伦理现实给予了广泛而激进的批判，但这种批判又以“国学”和“国粹”的面貌展现；同时，正如张灏指出的，刘师培的现实批判和梁启超《新民说》中的国民性批判不同①，他的现实批判不仅仅针对中国，而是面向全体人类社会，因此刘师培不是西化论者，在他的国学根柢之上，他以国粹为武器，对西方的现实也深为不满。同康有为类似，中国思想的根柢和西方现实的刺激，是刘师培政治和伦理思想的来源。

时间维度上看，刘师培的前后思想变化很大，1903 年到 1907 年，作为同盟会的成员，刘师培的政治思想倾向于排满的民族主义与民主主义。他撰写了关于民族主义的《攘书》《中国民族志》《黄帝纪年说》，提出了汉族西来说以及黄帝纪年的主张，并服膺卢梭的社会契约论，撰写《中国民约精义》，提倡民主学说；1907 年至 1908 年，刘师培脱离了同盟会，先后创办了《天义报》和《衡报》，并参与创立社会主义讲习会，脱离民主主义而转向了无政府主义，转趋激进；1908 年年末，刘师培回到中国，却又投靠了清政府，辛亥革命后又投靠袁世凯的北洋政府，其思想又迅速转向保守。正因为刘师培的思想前后转变太大，所以以往对他某个阶段思想的研究往往与其之前的思想分隔看待，这便容易忽视刘师培前后期思想的共同基础。譬如在关于刘师培的无政府主义思想的研究中，往往忽视刘师培早年的汉学根柢和扬州学派学风的熏染影响。

二　刘师培的无政府主义和社会主义：既往研究概述

1907 年至 1908 年间，刘师培以“无政府主义”来定义自己的政治主张，然而他的思想和狭义的社会主义并没有根本性的差别。他主张废除私有制，实现共产，这都和社会主义的主张相一致。尤其令人瞩目的是，刘师培的天义派首次将马克思、恩格斯的科学社会主义纲领文件《共产党宣言》引进中国思想界，并且他极为肯定马克思的阶级斗争学说，认

---

① ［美］张灏：《危机中的中国知识分子——寻求秩序与意义（1890—1911）》，高力克、王跃译，中央编译出版社 2016 年版，第 203 页。

为“观此宣言所叙述，于欧洲社会变迁纤悉靡遗，而其要归，则在万国劳民团结，以行阶级斗争，固不易之说也。”① 而刘师培对马克思社会主义的反对，主要因为刘氏认为马克思承认国家组织的合法性，并且将财产分配权集中于国家机器之手。笔者认为，这是刘师培对马克思思想的片面化理解。刘师培所接触的马克思学说局限于《共产党宣言》，然而马克思在其后的著作中阐述了废除国家的必要性。马克思在《法兰西内战》中指出“公社体制会把靠社会供养而又阻碍社会自由发展的国家这个寄生赘瘤迄今所夺去的一切力量，归还给社会机体”②。恩格斯更是明白地说“随着社会主义社会制度的建立，国家就会自行解体和消失……国家只是在斗争中、在革命中用来对敌人实行暴力镇压的一种暂时的设施”③。由此可见，在马克思主义的社会主义理论中，国家将随着阶级的消失而消亡，并不如刘师培所认为的“既认国家之组织，致财产支配不得不归之中心也”④ 那样。所以刘师培心中所构想的无政府主义和社会主义的根本差别，实际并不存在。只是针对理想社会实现的步骤上，二者有所不同，在对工业文明和物质文明的态度上，二者有所区别。所以，笔者认为，刘师培笔下的无政府主义和社会主义相比，二者的畛域差别并不明显。刘师培的无政府主义可被视为广义的社会主义中的一个流派。因此，本书也将刘师培的无政府思想纳入社会主义思潮中进行分析。

学界对于刘师培的天义派无政府主义思想源头的研究主要集中在以下几个层面：

1. 阶级层面，即认为刘师培的无政府主义体现了刘师培作为小资产阶级的阶级立场。刘师培的无政府主义思想体现了对西方工业文明和资本主义社会的抵触情绪，这正是刘师培小资产阶级倾向小生产态度的体现。如蒋俊和李兴芝的《中国近代的无政府主义思潮》中认为“作为小

---

① 申叔（刘师培）：《〈共产党宣言〉序》，《天义》，1908 年 3 月。

② 马克思：《法兰西内战》，载《马克思恩格斯选集（第三卷）》，人民出版社 2012 年版，第 101 页。

③ 恩格斯：《恩格斯致倍倍尔》，载《马克思恩格斯选集（第三卷）》，人民出版社 2012 年版，第 348 页。

④ 申叔（刘师培）：《〈共产党宣言〉序》，《天义》第 16、17、18、19 卷合册，1908 年 3 月。

资产阶级的社会主义思潮，具有明显的二重性，即它的空想性、保守性和批判性”[①]。阶级分析法固然逻辑自洽，然而其无法解释刘师培为何选择无政府主义而放弃了民主主义，而且阶级分析法泯灭了不同社会主义和无政府主义流派之间的区别。刘师培走向无政府主义道路受到了章太炎的影响，但刘氏无政府主义和章氏带有消极色彩的、建立在相对主义基础上的无政府主义有着思想基础的差异。简单的“小资产阶级倾向”的判断无力分析这种差异的原因。

2. 心理层面，这种主张认为，刘师培走向无政府主义道路，同刘师培作为国粹派的代表和国学大师的身份密切相关。刘师培身为国学大师，面对西方冲击所带来的心理刺激，其产生了一种矛盾心理。王汎森认为，作为一名传统知识分子，刘师培抗拒西化带给中国的影响，然而又试图以从西方汲取某种最先进的思想的方式来反抗西化。王汎森将其称之为“反西化的西方主义”[②]。周振新和余桂红则认为，刘师培选择无政府主义是出于他保存国粹的主张，即认为无政府社会的实现有利于保留国粹[③]。如此观之，则刘师培的无政府主义更多地表现为工具理性而非价值理性。这种解释方法在根本上贴近于列文森的冲击—反应模式，即认为刘师培作为传统知识分子，在西方冲击下无法坚持既有的思想体系，但对传统仍怀有一种依恋，因此演化出了刘氏的无政府主义思想。但笔者认为，将刘师培的无政府主义理想归结为其心理矛盾下的工具理性产物，无疑轻忽了刘师培对人类终极政治理想的思考；从心理角度分析刘氏无政府主义的思想源头，虽重视传统资源对刘师培的影响，但其将传统归结为一种心理因素，如此则轻视了传统思想的内涵和不同的流派对刘师培无政府主义的影响。

3. 传统的影响，刘师培的天义派无政府主义和“新世纪派”无政府主义相比，其突出特征是大量引用了中国传统思想的资源，再加上刘师培有着深厚的旧学根柢和一直活跃地在进行有关传统文化学术活动。因

---

① 蒋俊、李兴芝：《中国近代的无政府主义思潮》，山东人民出版社 1991 年版，第 392 页。

② 参见王汎森《中国近代思想与学术的系谱》，上海三联书店 2018 年版。

③ 周振新、余桂红：《解读刘师培——基于人格心理学的视角》，《理论月刊》2006 年第 11 期，第 75—78 页。

此，亦有相当一部分学者认为刘师培无政府主义的内涵有其中国传统思想来源。譬如韩国学者曹世铉将天义派无政府主义概括为“以国学批判专制文化”，曹氏着力于探讨刘师培将传统资源与无政府主义之间的打通工作，譬如刘师培对儒、道二家中放任传统的发掘，以及刘师培对鲍敬言、许行等古人的无政府思想的引申①，等等。

笔者认为，刘师培虽重视对鲍敬言、许行等古人思想的发掘，但许、鲍在中国思想史中属于异端，并且没有系统的思想体系。而且刘师培早年的中国思想基础显然并非许、鲍之学。与其说刘师培从许行、鲍敬言等古人的乌托邦设想中发展出了其无政府主义思想，不如说刘师培根据无政府主义的涵义在中国旧学中寻找论据，以证明在中国贯彻无政府主义理想的可行性。正如前文所指出的，晚清的思想家基于自己既有的儒学知识体系，对西方思想进行了选择性的借鉴。然而笔者认为，这种选择性的吸收不仅仅局限于西方思想，还应该包括中国思想中的旁枝。前文提到的清代思想中对荀子的重视、清末的晚周诸子学复兴，其原因都和儒学本身的流变、冲击所带来的思想视野变化有关。本书下一章将论述的章太炎对佛学唯识宗的吸收也不例外。刘师培对鲍敬言和许行等古人思想的肯定，正是在其思想根柢和发展的基础上的选择性吸收，而非其思想来源。笔者认为，刘师培的无政府主义思想，确有其传统思想的来源，但应该从刘师培早年的儒学思想基础出发探寻。正是其早年思想基础在西方冲击碰撞之下，孕育了其无政府主义思想。

张灏在其《转型时代中国乌托邦主义的兴起》一文中，提出应该将刘师培的无政府主义与其早期儒学思想基础联系起来。尤其是儒家传统中对自我以及社会的至善的追求的特征，奠定了刘师培的思想基调，无论是其早期对民主主义的主张，还是后来对无政府主义乌托邦的追求，都渗透了这一思想基调。张灏认为，无政府主义的政治理想满足了刘师培的儒家乐观主义和道德至善主义的追求②。笔者认为，张灏的观点重视

---

① ［韩］曹世铉:《清末民初无政府派的文化思想》，社会科学文献出版社 2003 年版，第 95 页。

② ［美］张灏:《转型时代中国乌托邦主义的兴起》，载［美］张灏《烈士精神与批判意识——谭嗣同思想的分析》，崔志海、葛夫平译，中央编译出版社 2016 年版，第 186 页。

了刘师培前后思想巨变表面下的思想根柢，将刘师培前期和后期思想之间的界限打破，并能突破其无政府主义思想的表面现象而发现其思想内核，在刘师培无政府主义思想研究上确实有很重要的意义。然而，对自我与社会至善的追求，是所有儒家流派的共性。但是，不同的儒家流派在面对现代性冲击时，所选择的政治倾向是不同的，既有从心性儒学出发的海外新儒家对自由主义政治思想的亲和，也有康有为、熊十力那样与社会主义有亲和力的儒家。因此，笔者认为，简单地从儒家对自我和社会至善的追求角度分析刘师培无政府主义的思想来源，未免失之于粗疏与笼统。

笔者认为，刘师培的无政府主义理想和上一章阐述的康有为的大同思想有一定的共同性，刘师培早期在《伦理教科书》和《理学字义通释》中对中国传统伦理的批判，又和谭嗣同在《仁学》中的主张相似，而这几位思想家同时又是清末传统学术的代表。对于这一现象，学界既有的研究尚没有加以充分的探讨。笔者认为，这几位思想家早期思想的相似之处，正足以解释刘师培走向无政府主义的思想来源。而这几位思想家的思想共同点即在于，他们早年都受气一元论儒学的影响较大。前章在分析康有为的大同思想时，已经论证康有为早期的气一元论中对人情欲望、实践、历史演化的主张是他后来大同思想的重要来源。而谭嗣同对王夫之气一元论的继承，以及以“以太”为面貌出现的气一元论主张，促使他走上对传统伦理的否定态度。本章也认为，刘师培的无政府主义不但和其早期的儒学积淀有关，而且特定地和气一元论儒学密切相关。另外，刘师培的无政府主义和康有为的理想社会构想又有区别，譬如刘氏将无政府主义视为应该立即实行的理想，而非寄托于未来；又如其对平等的极端强调，将自由置于平等之下等等，这彰显了刘师培无政府主义的特色，而这些相异之处，也可以从刘师培早年气一元论思想与其他思想家的差别方面去探寻。因为从清代儒学的地域化色彩而言，刘师培的扬州学派背景和康有为、章太炎是有一定的差异的。

因此，笔者认为，必须从刘氏早年的儒家思想和学派进行分析，尤其应该从刘师培早年所属的清代扬州学派开始探讨。

三　刘师培早年思想的直接来源：扬州学派对戴震气一元论的继承和发展

（一）扬州学派与戴震：以焦循为代表

清代的儒学具有鲜明的地域特征。刘师培的家乡是扬州仪征，刘氏早年的学术研究深受家乡扬州的扬州学派影响，并成为扬州学派的殿军。扬州学派是清代汉学重要的一支，清代汉学强调通过训诂以求经义，以戴震为代表的皖学和惠栋为代表的吴学为主要代表，扬州学派属于后起，但对吴、皖两派进行了融会贯通的工作。张舜徽认为“吴学最专，徽学最精，扬州之学最通……扬州诸儒，承二派以起，始由专精汇为通学，中正无弊，最为近之”①。

而对于扬州学派而言，其受戴震的影响最大。戴震虽然不是扬州人，但曾在扬州长期设馆教书，而且扬州学派的王念孙是戴震的弟子。戴震的学术主张，因此得以在扬州发扬。刘师培本人对于戴震在扬州学派的影响，也是高度认同，他曾指出“戴氏弟子，舍金坛段氏外，以扬州为最盛”②。汉学虽然专注于探求训诂字义，但扬州学派在训诂学的背后仍然有其哲学关怀。前文已经提到，戴震是清代中期气一元论哲学的重要代表。第三章已经提到，戴震的气一元论持自然的人性观，肯定人的自然情感欲望的合理性，否认理学中的核心概念“理”相对于人的自然情感欲望的超验性，将“理”理解为事物的条理。戴震强调人的认识能力的决定性作用，认识能力是人“从自然走向必然”的关键。与此同时，戴震的人性观是偏静态的，因此他强调从古经中寻求不易的义理。戴震哲学的这些特性，被扬州学派所充分继承和发展。扬州学派的干将焦循、阮元都极力捍卫戴震的学术主张，而就气一元论的哲学思想而言，尤以焦循③为代表。焦循的哲学主张又深深影响了扬州学派的殿军刘师培。刘

① 张舜徽：《清代扬州学记》，广陵书社 2004 年版，第 2 页。

② 刘师培：《南北考证学不同论》，载刘师培《刘师培辛亥前文选》，李妙根编、朱维铮校，中西书局 2012 年版，第 337 页。

③ 焦循（1763—1820），字里堂（或理堂），扬州人，清代哲学家、经学家。扬州学派的代表，其思想是刘师培早期思想的重要来源。

师培对戴震哲学的思想继承路径正在于此。焦循对于戴震哲学并非简单地继承光大，也有所创新，而在刘师培的思想中，也处处可见焦循个人的思想特点。

焦循十分明确地谈过自己对戴震哲学的推崇。戴震的哲学思想集中在他的《原善》和《孟子字义疏证》中，焦循对《孟子字义疏证》推崇备至。他认为："循读东原戴氏之书，最心服其《孟子字义疏证》。说者分别汉学、宋学，以义理归之宋。宋之义理诚详于汉，然训故明乃能识羲、文、周、孔之义理，宋之义理，仍当以孔之义理衡之，未容以宋之义理，即定为孔子之义理也。"①

戴震在《孟子字义疏证》中对理学的攻击方式正是通过探究理学的核心概念，如"理"等字，将其置于先秦经典的语境中，探求其原始含义，以此来批判宋明理学对这些概念的错误阐述，进而推翻理学的理论体系。焦循对此深为认同，他模仿《孟子字义疏证》的写作方式撰写了《论语通释》，继续通过对儒家核心概念的原始字义探索的方式探寻"真正的"儒家义理。这一方法之后又被刘师培所继承，刘氏早年所著的《理学字义通释》就采取了同样的学术理路。然而，这种"训故明则义理明"的研究方法固然在消解宋学中"天理"的含义上贡献巨大，却也反映了戴震哲学缺乏历史演化的视野以及其将古今的人性混为一谈的自然人性观。这些问题也被焦循所继承。

戴震的气一元论哲学最鲜明的特点就是强调人的自然情感欲望是合理的，反对宋学中"理"对"欲"的压制，认为儒家伦理建立在人的自然情感基础之上。焦循继承了戴震的自然人性观和"道不离人伦日用"的伦理观。他在《性善解一》中说：

> 性善之说，儒者每以精深言之，非也。性无他，食色而已。②

---

① （清）焦循：《寄朱休承学士书》，转引自钱穆《中国近三百年学术史》，九州出版社2011年版，第502页。

② （清）焦循：《性善解一》，转引自张舜徽《清代扬州学记》，广陵书社2004年版，第140页。

焦循将性归结为自然欲望，并且赞同孟子的论敌告子的原话，正是他鲜明的气一元论哲学特征的体现。这使我们联想到，在上章中，早年的康有为也是深为赞同告子的自然人性观的。这是和理学将“义理之性”与“气质之性”相区分的做法截然相对的。

戴震认为“圣人治天下，体民之情，遂民之欲，则王道备”①。焦循同样也赞同伦理规则和政治制度必须顺应人情。除以人情为根据之外，一切政治别无所依。他主张：

> 《淮南·泰族训》云：“民有好色之性，故有大昏之礼。民有饮食之性，故有大飨之谊……先王之制法，因民之所好而为之节文者也。”皆人之所有于性，而圣人之所匠成也。故无其性，不可教训。有其性，无其养，不能遵道。②

以上皆可反映以焦循为代表的扬州学派对戴震自然人性观和对人情欲望合理化主张的继承。

（二）焦循“造命”实践思想与戴震式认识论的矛盾

本书第三章提到，戴震气一元论哲学的一大特点是对人认识能力（智）的强调，戴氏将认识能力视为人类和动物的根本区别。并且将人性善的原因归结为人独具认识能力。焦循对此也高度赞同。他认为“神明之德，即所谓性善也，善即灵也，灵即神明也……禽兽不知，则禽兽之性不善；人知之，则人之性善矣”③。焦循这段话虽然是用于解释孟子，但显然和孟子从心性出发的性善论不同，而更接近于强调“智”的荀子。这体现在焦循对“赤子之心”的解释上，焦循不赞成将孟子所说的赤子之心解释为婴儿，而将其理解为百姓。这正是因为在焦循看来，婴儿恰恰缺乏认识能力，因此无法称得上性善：“赤子之无知，故匍匐可以

① （清）戴震：《孟子字义疏证》，何文光整理，中华书局1982年版，第9—10页。

② （清）焦循：《性善解五》，转引自张舜徽《清代扬州学记》，广陵书社2004年版，第143页。

③ （清）焦循撰：《孟子正义》，沈文倬点校，中华书局2016年版，第262页。

入井。”①

本书第三章曾提到，在气一元论的不同分支中，颜元强调实践，戴震强调认识，二者都强调人只有气质之性而没有先验的义理之性，然而颜元强调人性可改变、可塑造的一面，故而强调实践；戴震则将人的血气心知静态看待，故而强调认识，强调事物的分理、条理。扬州学派的焦循显然继承了戴震思想的观点。他高度赞许戴震对“理”的解释，认为“后儒言理，或不得乎孔孟之旨，故戴氏详为阐说是也。”② 焦氏对理的定义是：“理者，分也……故道之分有理，理之得有义……理分于道，即命分于道，故穷理尽性，以致于命。”③ 这仍然和戴震对理的“条理、分理”的解释相一致。

就以上所探讨的而言，扬州学派的焦循在对儒学的核心概念，如性、理的理解，继承了戴震气一元论的传统，并和戴震高度一致。焦循认为人的自然欲望合理，是一切道德规范的来源，并且以人的认识能力为性善和一切规范的必要前提。焦循的儒学理路传承自戴震，这意味着在他的思想体系中，仍将人性视为静态不易的存在，因此反映事物规律的条理、分理也是静态的和非历史的，故而戴震、焦循特别强调人的认识能力。因为认识而非实践，是研究静态事物的途径。因为静态认识事物，所以古今之理无有不同，所以焦循仍然沿袭戴震的通过训诂六经以求理的“经学即理学”理路，在思想体系方面，焦循未曾突破戴震式的气一元论体系，没有像章学诚那样将戴震气一元论发展为一种历史哲学。

焦循的思想虽然被戴震的思想体系所束缚，然而作为一名气一元论的思想家，气一元论本身的内在逻辑发展又使得焦循的思想在戴震的基础上有所突破。第三章已经指出，在气一元论的逻辑下，既然人伦日用是道的来源而非相反，那么作为主体的人，对人伦日用的主动改造便是可能的了。颜元的思想体系就着眼于通过礼乐实践改造人性。焦循虽然很可能并没有接触过颜元的作品，但在气一元论的逻辑下，焦循对实践也有所重视。这首先反映在焦循对礼乐的重视。在颜元的思想中，礼乐

① （清）焦循撰：《孟子正义》，沈文倬点校，中华书局2016年版，第461页。

② （清）焦循撰：《孟子正义》，沈文倬点校，中华书局2016年版，第639页。

③ （清）焦循撰：《孟子正义》，沈文倬点校，中华书局2016年版，第262页。

实践是塑造良善人性的途径。焦循的观点极为相似，他认为：

> 目虽明如离娄，耳虽聪如师旷，心虽仁如尧舜，不以规矩，则目无所凭；不以先王之道，则心无所凭……孟子之学，在习先圣之道，行先王之道；习先圣之道，行先王之道，必诵其《诗》，读其《书》，博学而详说之，所谓因也……先王之道，载在《六经》，非好古敏求，何以因？即何以通变神化？何以损益？故非习则莫知所因，非因则莫知所述。①

由此可见，焦循在这里展现了其理论中主张人性是可塑造的一面，人性既然并不同理学那般存在先验的“义理之性”，那么偏重于实际的礼的实践就取代了理的位置，焦循这里的实践观和清代中后期“以礼代理”的思潮是相似的。不过，他并没有止步于礼的实践。焦循的实践观更进一步，提出了“造命”的主张，他认为：

> 天下之命，造于君子。孔子栖栖遑遑，不肯与沮溺荷蒉同其辟世者，圣人于天道不谓命也。百姓之饥寒囿于命，君子造命，则使之不愚不肖。口体耳目之命，己溺己饥者操之也，仁义礼智之命，劳来匡直者主之也。故己之命听诸天，而天下之命任诸己，是知命也。……徒付之无可如何，是不知命。……第以守穷任运为知命，非孔子所云知命也。②

由此可见，出于气一元论哲学中对实践的强调的逻辑，焦循提出了人的命运是由人自己所主宰的主张（尽管他依然将其界定为圣人的作用）。同龚自珍的“大伪明于天下”相似，焦循的“造命”思想摆脱了早期儒家的“天命”“宿命”观念。强调“命”是人自身社会实践的结果。同时也摒弃了理学中具有先验性色彩的“理”的观念。正如钱穆所

---

① （清）焦循撰：《孟子正义》，沈文倬点校，中华书局2016年版，第392页。

② （清）焦循：《论语补疏》，转引自侯外庐主编《中国思想通史（第五卷）：中国早期启蒙思想史》，人民出版社1956年版，第575页。

评价的“里堂言命，全本人事，与向来以天意言者不同，犹其言性善，全本后天智慧，与向来以先天禀受言者不同也”①。自然，这种“造命”的实践思想的理论前提是气一元论对社会存在首要性地位的肯定。

然而，笔者认为，“造命”思想固然是焦循哲学的一大创新，但却与焦循所继承的戴震哲学体系产生了根本性的矛盾。正如第三章所指出的，戴震静态地看待人的欲望本性，他没有试图去解释人欲望本性的产生过程，更无意于也无力于探讨人性的改造。戴震所着重的是人的认识能力，强调的是认识事物的条理。他认为儒家《五经》中已经揭示了规范人性、走向“必然”的千古不易的道路。所以戴震的气一元论思想仍然具有保守性。而扬州学派的焦循一方面继承了戴震强调人的认识能力、静态地认识事物和人性的条理的特点；另一方面又提出人性是通过实践改造的“造命”主张。焦循思想的理论体系中这两部分主张处于一种矛盾关系，焦循本人也缺乏理论工具，没有成功地将其融会贯通。

在明清思想中，强调实践的思想潮流有两支，其中一支是建立在气一元论基础上的颜李学派。后来的龚自珍、康有为等今文经学思想家对实践的强调，其思想理路和颜李学派基本相似。另一支则是阳明心学，它建立在“致良知”基础上的“知行合一”思想也强调实践。颜元的实践思想和戴震哲学固然同属于气一元论传统，以至于从戴望到梁启超和胡适等晚清民初学者都认为戴震思想是继承了颜李学派的思想，但强调静态认识、规范人性的戴震思想和主张实践塑造人性的颜元思想存在根本上的矛盾。焦循基本上继承了戴震的思想理路，也因此难以与颜元的实践思想互容；另一方面，作为气一元论的主张者，焦循尤为排斥脱离社会存在而主张“心外无理”的阳明心学。他认为“不以先王之道，则心无所凭。明人讲学，至徒以心觉为宗，尽屏闻见，以四教六艺为桎梏，是不以规矩，便可用其明……以不屈于君父为能，以屏弃文艺为学，真邪说诬民，孟子所距者也”②。然而，焦循的礼乐实践观和其对阳明心学的排斥也存在矛盾，正如钱穆敏锐地指出：“（焦循）以赤子比洪荒固是，然今世只是洪荒变来，圣贤亦从赤子植基，既主性灵，何以又不敢言觉

---

① 钱穆：《中国近三百年学术史》，九州出版社 2011 年版，第 525 页。

② （清）焦循撰：《孟子正义》，沈文倬点校，中华书局 2016 年版，第 392 页。

悟？焦学从此歧入矣。绝事物习行而言觉悟，固不可；只有事物习行而无觉悟，亦不可也。”① 这正体现了基于戴震哲学基础的焦循的实践思想既不能引颜李学派，也不能引阳明心学作为自己思想工具，因此处于一种矛盾尴尬的位置之上。

不过，焦循的“造命”学术仍然指的是圣人造命，他强调“不以先王之道，则心无所凭”②，“命”仍然是儒家《五经》所留下的遗训，所以上述的那种矛盾关系并没有突出显现。而作为扬州学派清末的殿军，刘师培的早期思想全面继承了焦循的理论基础，但与焦循不同之处在于，在刘师培的时代，面对西方冲击，《五经》构建的礼乐秩序已经近乎全然崩塌。刘师培一方面继承了戴震—焦循思想传统下的以人情欲望为思想根基的气一元论传统，另一方面也继承了焦循的“造命”论实践精神。然而刘师培的“造命”思想不再是基于礼乐秩序的“圣人造命”，而是试图在中西思想和政治碰撞之下塑造全新的优良秩序。对于焦循哲学中静态认识人性的思想与“造命”的实践思想之间的矛盾，刘师培也必须在他的理论体系中，通过新的思想工具加以解决。后文将详细论述，刘师培对戴震—焦循气一元论思想传统的继承及其对焦循哲学中内在矛盾的解决方式，对其无政府主义思想的形成和其理想政治秩序的性质，有着极大的影响。

四 扬州学派的殿军：刘师培早年的戴震—焦循式气一元论及其社会批判思想

刘师培的社会—政治思想起始于他 1905—1906 年间对程朱理学的批判，这种批判是从理学存在论到伦理学多方位的批判，而刘师培的批判视角是从儒学的气一元论出发的。而这种气一元论正是经过扬州学派传承的戴震—焦循式气一元论。

众所周知，戴震作为汉学大师，他对理学的批判是通过训诂学的形式把理学的核心概念还原到先秦儒家的典籍中考察字义，以此来解构理

① 钱穆:《中国近三百年学术史》，九州出版社 2011 年版，第 502 页。

② （清）焦循撰:《孟子正义》，沈文倬点校，中华书局 2016 年版，第 392 页。

学核心概念的内涵，体现在他的名著《孟子字义疏证》中。而扬州学派的焦循也用相似的方式写有《论语通释》。刘师培对戴震和焦循的继承也体现在其写作方式中。刘师培于 1905 年写作的《理学字义通释》也是用训诂还原字义的方式，批判理学背离了先秦儒家的宗旨。这本书的思想进路是沿袭扬州学派式的气一元论儒学，因而在传统的脉络之中。而西方的物质文明则为刘氏对传统伦理的批判提供了材料。刘氏自述其方法为“夫字必有义。字义既明，则一切性理之名词，皆可别其同异，以证前儒立说之是非”[①]。刘氏批判的要点主要分为以下内容。

1. 批判理学将“理”视为存在论的根源

刘师培对“理”的理解表现出他鲜明的气一元论立场。他认为理只是事物的规律，后于事物而出现，因此宋儒将“理”视为在逻辑上先于天地而存在的观点是错误的，宋儒把理和性（义理之性）等同的做法也破坏了“理”的原义。刘氏指出：

> 若宋儒言“理”，以天理为浑全之物，复以天理为绝对之词。又创为“天即理、性即理”之说，精确实逊于汉儒。[②]

刘师培视“理”为事物的条理和分理，他认为“是文理、条理，为‘理’字最先之训”[③]。这体现出刘氏思想的气一元论特质。但细究起来，刘师培对“理”的理解是戴震一派的气一元论。前文已经指出，戴震式的气一元论对“理”的理解是静态的（这和宋儒有相近之处），也即没有把“理”视为由人类实践而形成的事物规律，因此极力强调人的认识能力，强调“理”是静态地被人认识的。刘师培对于“理”也同样以强调静态认识和比较分析的方法为主。他主张：

---

① 刘师培：《理学字义通释》，载刘师培《仪征刘申叔遗书》，万仕国点校，广陵书社 2014 年版，第 1333 页。

② 刘师培：《理学字义通释》，载刘师培《仪征刘申叔遗书》，万仕国点校，广陵书社 2014 年版，第 1337 页。

③ 刘师培：《理学字义通释》，载刘师培《仪征刘申叔遗书》，万仕国点校，广陵书社 2014 年版，第 1337 页。

> 特事物之理，必由穷究而后明。条理、文理，属于外物者也……“理”也者，即由比较分析而后见者也，而比较分析之能，又即在心之理也。①

因此，在刘师培的“理”论中，一方面，他坚持气一元论的立场，类似于唯物主义，主张事物先于其规律而存在；另一方面，他又深受戴震和焦循的传统的影响，认为事物的规律是客观固定的，因此人的认识能力至关重要。正因为受戴震传统影响，刘师培忽略了探究实践改造“理”的客观规律的可能性。

2. 主张人情欲的合理性

前文已经指出，戴震气一元论最大的特点是视人的自然情欲为合理。本书第三章已经指出，这其实是对理学视气质之性为恶之源的批判和对先秦儒家以人情为本的思想的恢复。刘师培在《理学字义通释》中也支持理学“义理之性”的概念，认为其“因别求理义之性，与古籍以血气为性者相背，其误二也”②。刘师培和戴震相似，主张人的情感和欲望是一切伦理和政治规范的来源。他主张“‘欲’生于‘情’，未尝不善”③。在刘氏看来，欲望自然合理，其界限在于不能侵犯他人的利益。他对《乐记》中“穷人欲”的解释是“穷人欲，由于不反躬，故推所欲，以侵他人之自由”④。

刘师培对人自然情感的重视还体现在他对儒家核心概念“仁”的重新解释上。刘氏批判在朱熹理学那里，脱离人的情感而谈论仁，即“若朱子训‘仁’为‘心德’，则有体无用，虽有为仁之心，然无益于人民”⑤。

---

① 刘师培：《理学字义通释》，载刘师培《仪征刘申叔遗书》，万仕国点校，广陵书社 2014 年版，第 1337 页。

② 刘师培：《理学字义通释》，载刘师培《仪征刘申叔遗书》，万仕国点校，广陵书社 2014 年版，第 1345 页。

③ 刘师培：《理学字义通释》，载刘师培《仪征刘申叔遗书》，万仕国点校，广陵书社 2014 年版，第 1345 页。

④ 刘师培：《理学字义通释》，载刘师培《仪征刘申叔遗书》，万仕国点校，广陵书社 2014 年版，第 1345 页。

⑤ 刘师培：《理学字义通释》，载刘师培《仪征刘申叔遗书》，万仕国点校，广陵书社 2014 年版，第 1352 页。

在刘师培看来，“仁”作为一种自然情感，必须是在人与人的交往之后才会产生；“仁”作为一种规范和道德，也必须见之于社会治理中方可，也即“盖‘仁’，必合两人而后见，人与人接，仁道乃生……仁道之大，必以施之人民者为凭”[①]。刘师培的“仁”论同样建立在人的情感欲望之上，他对孔子“克己复礼”的解释为“抑制己情，而不复侵他人之权利也”[②]。因此“仁”是建立在人的情感基础上的互相亲近和尊重。刘师培的“仁”论体现了气一元论不脱离人和人的情感而谈“道”的精神。这和本书第五章讨论的康有为的“仁”的思想是一致的，体现了气一元论儒学逻辑的相似性。

另一方面，刘师培的“仁”论也体现了他特别受戴震和焦循这一支脉的气一元论的影响，那就是他将一切道德建立在人的认识能力上（当然也是在人的情感基础上），因此即使是谈论“仁”，刘师培也认为“仁”作为一种规范，是建立在人以认识为基础的反思之上的，他说“及民智日沦，知利人之亦为利己”。这和戴震、焦循的“仁”观相似，体现了刘师培对扬州学派的继承；而和孟子以及阳明心学从“直觉”解释仁不同。刘师培对于人的情感的解释不脱离人的认识能力，即“故有知，而后有情”[③]。

通过这种论述，刘师培之后政治思想（包括其无政府主义时期）的人性论基础已经奠定，即政治应该立基于人的自然情感和欲望，自然情感和欲望的界限只在于不能侵犯他人的利益和自由。

前文已经指出，刘师培的这种社会政治思想的原则来源于儒家气一元论，尤其是戴震—焦循一系的气一元论。这种气一元论对人性持自然人性观，它强调社会规范来源于人的情感的同时，也强调人的认识能力。这种过于强调静态认识的气一元论流派，使得刘师培和康有为的思想基础产生了一些区别。康有为强调人性的变化，而刘师培强调人的规律是

---

① 刘师培：《理学字义通释》，载刘师培《仪征刘申叔遗书》，万仕国点校，广陵书社 2014 年版，第 1347 页。

② 刘师培：《理学字义通释》，载刘师培《仪征刘申叔遗书》，万仕国点校，广陵书社 2014 年版，第 1349 页。

③ 刘师培：《理学字义通释》，载刘师培《仪征刘申叔遗书》，万仕国点校，广陵书社 2014 年版，第 1360 页。

客观的，他的人性观停留在戴震式的自然人性观，而没有上升到王夫之、康有为那种实践的、动态的人性观念。因此刘氏强调认识。人性和情感是通过“智”被认识的，“智”在社会生活中为人的情感划界，划界的标准是不侵犯他人的利益。这些社会政治思想的准则，在戴震、焦循和刘师培三位思想家处并没有明显的区别。

然而在戴震和焦循的时代，中国传统政治秩序并没有受到质疑。戴震和焦循只是在存在论和人性论方面讨论气一元论，没有将其引申到社会政治学说。而在刘师培所处的二十世纪初，在西方的冲击下，传统政治秩序的合法性尽失。刘师培在继承戴震、焦循气一元论的存在论和人性观的同时，试图以此为基础，重新构建新的伦理、政治秩序。刘师培的思想历程很明显地体现了气一元论面对新秩序下的现代转化过程。

然而，由于刘师培继承的是戴震—焦循的扬州学派气一元论传统，这个传统中强调自然人情的方面给予了刘师培批判传统秩序的武器；然而另一方面，这个传统中也有保守的一面，对刘师培构建新社会秩序的思想是一种约束。

戴震和焦循气一元论的保守之处即在于，在他们的气一元论思想中，人情人性被视作了静态的存在，他们的思想体系中，人性是自然存在，人对它没有主观能动的作用，而只能去静态地认识它。而且由于人性是近乎静止的，在戴震式的气一元论中，便没有历史的维度，也缺乏实践的维度。因此，戴震哲学的政治观是在既有人性的基础上建构政治理论，而不是试图改造人性，所以，本书第三章曾指出，戴震的思想虽然提倡人情的重要性，但仍然有保守倾向。而焦循意识到了实践的重要性，提出了“造命”思想，但焦循没有解决“造命”和他继承的戴震思想体系之间的矛盾。刘师培的早期思想则试图弥合“造命”实践观和戴震自然人性论式的气一元论思想的矛盾。

五　唯意志论的实践观：刘师培与心学“知行合一”实践观

（一）对戴震思想体系缺乏实践思想的弥补

刘师培试图以他的戴震式气一元论建构新的道德与政治理想，新的道德和政治理想需要改造旧的秩序，就必然要强调实践的学说。因此刘氏必须解决戴震气一元论体系中缺乏“实践”的问题。本来，气一元论中有强调实践的一派，不论王夫之还是颜元，都强调实践。但王夫之和颜元的实践论的主要观点是人性不是固定不变的，而是由人的主动实践改变的。因此其同戴震气一元论下的自然人性论相互矛盾。所以刘师培必然从颜元哲学之外寻求实践的理论依据。

刘师培对扬州学派的继承体现在他支持焦循的“造命”主张。在《理学字义通释》中，刘氏提出“命由己造，非定于天”①。反对将“天命”等自然现象和社会规律相关联。主张人的命运是人类自己决定的。但前文已经指出，焦循的“造命”主张和其戴震哲学的基底相矛盾。因此刘师培需要寻找新的思想资源来建构其实践学说。而这个思想武器是阳明心学。张灏曾精确地指出刘师培的道德和政治理想是“至善社会”，这种“至善社会”是超历史的、普遍的政治理想，它的两根重要支柱就是戴震气一元论和阳明心学的“知行合一”实践观。

（二）唯意志论：心学实践思想同气一元论实践观的区别

本书第三章在讨论颜元的气一元论时曾指出，在儒学的分支中，强调实践思想的有两个学派，一支是颜李学派，另一支就是阳明心学的“知行合一”思想。阳明心学以“心”而非“理”以本体，因此王阳明认为，由于朱熹理学以客观的“理”为本体，因此将人心的认识能力和道德隔绝开了，所以其“知先行后”的理论忽视了实践的重要性。王阳明强调实践的重要性，他认为“知之真切笃实处，即是行，行之明觉精察处，即是知。知行工夫本不可离”②。阳明心学的知行合一理论的根据在于他的良知本体——“心”，因为在心学体系中，道德的根源全部在于“心”，而实践（“行”）的源头也在于“心”，如果道德认知和道德实践不相一致，那么良知本体“心”就撕裂了，也即根本就不存在，所以在

---

① 刘师培：《理学字义通释》，载刘师培《仪征刘申叔遗书》，万仕国点校，广陵书社 2014 年版，第 1356 页。

② （明）王阳明撰：《传习录》，载（明）王阳明《王阳明集》，王晓昕、赵平略点校，中华书局 2016 年版，第 39 页。

心学的逻辑中知、行必然一致（相反，在朱子学体系中，由于“理”的客观性，所以认识能力和道德实践是分裂的）。

因此，在阳明心学处虽然强调实践，但主要是一种个人道德实践。由于“知行合一”离不开“心”这一良知本体，所以它和社会政治的关系不大。心学和理学的共同之处就是都把视野聚焦在道德修为的“内圣”之学。心学的实践是从“性”（或曰心）出发的。王阳明认为“我今说个知行合一，正要人晓得一念发动处，便即是行了”①。因此，心学中所强调的实践处处受这个“一念发动处”的规定。心学的实践工夫着力点不在人伦日用和“外王”的经世济民实践上，而在于“诚意”的个人道德修养。王阳明强调：

> 本体上何处用得功？必就心之发动处才可着力也。心之发动不能无不善。故须就此处着力，便是在诚意。②

而作为同样强调实践的王夫之、颜李学派的气一元论的实践观中，人性与实践的关系正与阳明心学相反。因为在颜元等人看来，人性不是自然存在的，而是通过实践所塑造的；而在王阳明看来，实践是由人性（心）决定的。在颜元等气一元论思想家看来，塑造人性的实践涉及小到人伦日用，大到社会政治的社会生活各方面。而在阳明心学处，实践只涉及一念发动的本心；心学强调“知行合一”，将实践和认识完全等同起来。而以王夫之、颜元为代表的气一元论实践派主张“行可兼知，而知不可兼行”③，认为实践的地位高于认识。

因此，强调实践的气一元论思想家也认识到了这一点：虽然心学也强调实践，但气一元论的实践观和心学却是有根本的差异。王夫之对心学实践观批判道：

---

① （明）王阳明撰：《传习录》，载（明）王阳明《王阳明集》，王晓昕、赵平略点校，中华书局2016年版，第90页。

② （明）王阳明撰：《传习录》，载（明）王阳明《王阳明集》，王晓昕、赵平略点校，中华书局2016年版，第110页。

③ （清）王夫之：《尚书引义》，载（清）王夫之《船山遗书（第二册）》，中国书店出版社2016年版，第371页。

> 若夫陆子静、杨慈湖、王伯安之为言也，吾知之矣。彼非谓知之可后也，其所谓知者非知，而行者非行也……行者非行，则确乎其非行，而以其所知为行也。以知为行，则以不行为行，而人之伦、物之理，不以身心尝试焉。①

王夫之对阳明心学实践观的批判可谓一针见血，即阳明心学虽然重视实践，但实际上是一种用良知本心克服欲念的意识活动，和气一元论重视人伦日用的实践不同。

因此，心学固然是一种重视实践的思想体系，但由于阳明心学本身的限制，它的实践倾向于脱离社会政治事务，不会着力于对人的社会生活和人性的改造；另一方面，由于在心学实践观中，实践是从人心“一念发动处”发起的，它的根据只是本心，因此将心学实践应用到社会政治改造时，可能会导致脱离社会事物的复杂性、历史性，轻视实现的难易程度，而只从“本心”的意志和认识出发，造成唯意志论的轻率性。心学实践观可能导致的问题在刘师培的至善社会理想中都得到了体现。

刘师培正是利用心学的“知行合一”理论作为自己实践观的依据，同时用“知行合一”思想弥合“造命”的实践理论和戴震的自然人性观的气一元论之间的矛盾。刘师培对“行”的看法完全是心学模式的，在《伦理教科书》中，他主张：

> 心为身之主宰……本意中之所欲营者而见之于事，是之为“行”……凡行为之善恶，悉援思想之正邪……心恃身而有知，身本心以为行，此心、身相关之精义也。②

---

① （清）王夫之：《尚书引义》，载（清）王夫之《船山遗书（第二册）》，中国书店出版社2016年版，第371页。

② 刘师培：《伦理教科书》，载刘师培《经学教科书·伦理教科书》，万仕国点校，广陵书社2013年版，第144—145页。

这里可以看出，在刘师培的实践观念中，实践（行）不能起到改造心、性的作用，只是心的意念的实现。也就是"行"依赖于"心"。因此，刘师培的实践观基本是源自阳明心学的"知行合一"，而非颜李学派式的气一元论实践观。

笔者认为，刘师培之所以吸收阳明心学"知行合一"说为自己实践"造命"观的依据，归根结底是受他戴震一脉气一元论的思想结构决定的。因为在戴震的气一元论中，持有自然人性观，人性是静态、非历史的，所以其理论预设了人性难以为实践所改变，实践只能在既有人性的基础之上改造社会与政治。这就使其易于接受心学中从既有人心出发而非改造人性的"知行合一"实践观。

当然，由于戴震式气一元论为刘师培思想的基底，所以他的类心学实践观毕竟不同于阳明心学实践观的本来含义。这体现在刘师培的理论中，表现为刘师培的"知行合一"中的"心"并不同于阳明心学中的道德本体。他的理论体系中，"心"指的是戴震式气一元论中所强调的认识能力，这种认识能力包括了对人性和社会各方面的认识。刘氏认为：

> 盖人心本体虽未具善恶，实有辨别善恶之能……然既与事物相感，则人心遂生思辨之能。思辨者，即比较分析之能。[①]

刘师培所强调的心的比较、分析，显然并不同于阳明心学的良知本体。他在《理学字义通释》中认为"外有所感，则心有所知。由感生智，由智生断"[②]。可见刘师培"知行合一"实践观中的心，包括对人性和社会规律的认识。这种基于戴震气一元论基础对阳明心学实践观的改造，是刘师培力图将本局限于道德实践的心学实践观运用于社会实践的尝试。

---

① 刘师培：《伦理教科书》，载刘师培《经学教科书·伦理教科书》，万仕国点校，广陵书社2013年版，第148页。

② 刘师培：《理学字义通释》，载刘师培《仪征刘申叔遗书》，万仕国点校，广陵书社2014年版，第1359页。

至此，我们可以发现。刘师培改造心学的实践观，试图将它适应于戴震式气一元论思想体系，将二者结合，构成了刘氏建构“至善社会”的思想基础。在《伦理教科书》中，刘师培就第一次做了以戴震式气一元论为基础，以心学实践观为方法，构建“至善”的社会伦理秩序想象的理论尝试。

由于戴震式气一元论和人性观是刘师培哲学的基础，刘师培的至善社会中的规范首先依据于人的自然人情。在《伦理教科书》中，刘师培否认了任何违逆自然人情的传统道德，譬如一夫多妻制、包含“三从四德”的男女不平等现象等，批判轻视实业的思想，认为“中国崇尚空言、贱视实业”[①]。总之，他用戴震式气一元论对自然人情的重视的思想资源批判中国传统的“五伦”社会关系。这种批判和谭嗣同在《仁学》中所做的工作相似。

在树立新的社会伦理理想上，刘师培则依据他心学式的“知行合一”实践观。他从既有的自然人性出发，以保障全体社会每个人的自然需求为目的。通过认识的比较、分析能力，得出能满足上述要求的新伦理。并且刘氏认为只要认识到了这种合理的伦理关系，就可以实现它。在《伦理教科书》中，包括家族、宗族、师友、乡党在内的理想伦理关系，都是依据上述原则构想的。针对每一种伦理关系，刘师培在论述都是按照先认识再实践的两部分来写作的。

（三）类心学实践观对刘师培“至善社会”性质的影响

那么，刘师培的戴震式气一元论基础上的自然人性观和“知行合一”心学实践观对于他的“至善社会”建构呈现出怎样的特征呢？首先，这是一个普遍的、没有时间维度的至善社会。这是因为戴震式气一元论儒学的人性论是自然人性观，即人性是没有历史的区别，甚至没有地域的差别的。戴震以《五经》为规范人性的依据，正是因为在戴氏看来，《五经》的时代和当代没有差别。刘师培在《伦理教科书》中也表现了这种倾向。张灏曾一针见血地指出“刘书的基本假设是存在着一个普遍的人

---

① 刘师培：《伦理教科书》，载刘师培《经学教科书·伦理教科书》，万仕国点校，广陵书社2013年版，第194页。

类本性”[①]。因此，同康有为认为不同的历史阶段有不同的理想秩序相异，刘师培眼中的理想秩序就在当下，他的理想秩序没有历史维度。刘师培重新构想新的伦理秩序的做法和梁启超的《新民说》相似，但两者的不同之处在于，梁启超《新民说》仅仅针对中国的问题，而刘师培的《伦理教科书》则针对全体人类。刘师培继承自戴震的自然人性观使得他认为四海人性相同，所适用的伦理准则也是四海攸同的。

其次，这是一个唯意志论的乌托邦。刘师培师自王阳明的“知行合一”实践观，使他认为实践完全由认识和意志决定，因此，刘师培虽提倡“造命”，主张社会的命运由人自己掌握，但他的实践观不考虑客观的情势和难易。只以对至善的认识为依凭，在当下来实行。所以，无论在早期还是无政府主义时期，刘师培的理想社会都具有乌托邦性质。乌托邦的典型含义，即“它在政治设计的空间意义上显示了对政治现实的否定和超越”[②]。乌托邦常常不探究理想秩序的时间维度，不探究理想秩序的实现道路。而刘师培的至善社会的论述方式也是将一种理想秩序与（不合人性的）现实秩序相对比，似乎只要通过按照“心”的认识就可以实践理想秩序。因此，无论在其早期还是中期思想中，刘师培的理想社会都是典型的乌托邦。张灏将刘师培的社会理想称为“至善社会”，“至善”意味着刘师培认为理想秩序立足于自然人性，超脱于历史和地域区别，普世适用。只要认识到了“至善”，就可以实践“至善”，这正体现了刘师培理想社会的典型乌托邦特征。

最后，戴震式气一元论使刘师培的理想社会重“平等”高于重“自由”，而且刘师培意义上的自由是一种消极的自由。在《伦理教科书》中，讨论理想的人类人伦关系时，无论是父子、夫妻、兄弟关系，刘师培都极为强调平等和对等。虽然刘师培也提到过自由，但总不如他对平等的强调来得多。笔者认为，刘师培对平等的偏爱和他的戴震式气一元论的思想基础密切相关。前文已经指出，戴震式气一元论的特点在于自然人性论，人性在刘师培的理论中不被视为可被实践改变的。人性因此

---

① ［美］张灏：《危机中的中国知识分子——寻求秩序与意义（1890—1911）》，高力克、王跃译，中央编译出版社 2016 年版，第 203 页。

② 陈周旺：《正义之善：论乌托邦的政治意义》，天津人民出版社 2003 年版，第 22 页。

被视为静态的、普遍的，刘氏的理想社会以普遍的自然人性为基础，但他不认为可以改造人性。而自由，尤其是积极自由，是建立在人的能力充分发展，解放了之前人性对人的束缚的基础上。在刘师培的戴震式自然人性观中，难以发展那种通过人性的改造来解放人的能力的学说，所以刘师培的正义观念局限于在既有的人性和既有的人类能力的基础上进行分配，他的至善社会更强调“分配的正义”，而不强调通过人类能力的解放实现自由。因此，他更为强调平等，他的自由也是在人的既有能力之下消极的自由，而平等是这种自由的前提，他认为“乱之生也，由于不平等，而不平等之弊，必至人人不保其自由”①。这种重平等胜于重自由的思想基调一直维持到了他的无政府主义者时期。

因此，在《伦理教科书》时期的刘师培，已经奠定了他思想的基调，他的社会—政治理想建构在戴震式自然人性观之上，主张政治以人的自然情感欲望为基础，但并不试图改造人性。他的实践观念是从认识出发的“知行合一”类心学实践观，主张只要认识到了“至善社会”就可实践它，因此是唯意志论的实践观。他的理想社会建立在普遍的自然人性上，因此没有时间和地域的差别。他的理想社会没有历史性的差别，常常忽视现实情势和实践道路的选择，只强调认识对实践的作用，因此属于乌托邦性质。之后刘师培在无政府主义时期的思想基调，正是在此时奠定的。

六　民主主义的短暂停留：刘师培眼中的卢梭，及其走向无政府主义的必然性

（一）探寻中国的社会契约论

在政治学上，同康有为相比，刘师培不是一个原创性特别强的思想家，他的理想政治秩序多是对西方学说的吸收。但这种吸收是一种选择性的吸收。前文讨论的戴震式气一元论和心学式的实践观，作为他思想的基调，一直在左右他对外界思想的选择角度。刘师培的政治思想也以多变著称，但是他在从民主主义走向无政府主义的过程中，一直受他早

---

① 刘师培：《中国民约精义》，岳麓书社2013年版，第86—87页。

年思想基调的影响。

在1906年以前，刘师培在政治上大致是一名民主主义者。而他当时最为服膺的西方思想家是卢梭，尤其钦服卢梭的政治哲学名著《社会契约论》(当时译为《民约论》)。1903年，刘师培在当时试图将卢梭的社会契约思想同中国传统思想结合起来，在各家中国传统思想中寻找和卢梭思想相近的部分。刘师培将这本小册子命名为《中国民约精义》。应该说，作为中国最早接触卢梭思想的学者，刘师培这本小册子在思想深度上看是浅薄的，他所阐述的中国传统思想中的“社会契约”多半都是附会。但是，这本小册子的价值在于，它在不断地“附会”中，体现了刘师培对卢梭民主主义思想的理解，而这显然和卢梭原本的思想有一定距离，表现（暴露）了刘师培自己的政治思想的特点。

在笔者看来，刘师培对社会契约和民主的基础的理解，和卢梭都是不同的。这一方面有杨廷栋的翻译文笔带来的差异的原因，另一方面也是因为刘师培思想中的基础——戴震式气一元论儒家及心学实践观，和卢梭本就不同。正由于刘氏思想中的戴震式气一元论基础，他不会停留在卢梭式的民主主义中，最终转型为无政府主义者其来有自。

（二）乐观与悲观：刘师培和卢梭对人性及人的能力判断的根本不同

卢梭之所以主张通过社会契约的方式，人民迈入他构想的政治社会，是由于他对人性的悲观看法。卢梭对人性的看法是有时间维度的，卢梭在其另一本名著《论人与人之间不平等的起因与基础》中曾描述了他所认为的黄金时代自然状态，在那样一个原始的时代，人心向善，不需要政治社会。然而在《社会契约论》中，卢梭面对的是腐化堕落的当代社会，他对前社会契约的社会看法，已经几乎与霍布斯描述的人与人之间战争的状态并无二致。他认为“正是那些使我们成为恶人的原因，也使我们成了奴隶，使我们愈来愈堕落、愈来愈邪恶”①。《社会契约论》之

① ［法］让-雅克·卢梭:《社会契约论（初稿本)》，载［法］让-雅克·卢梭《社会契约论》，李平沤译，商务印书馆2011年版，第159页。需要说明的是，卢梭这一初稿本中的第一卷第二章《论人类的普遍社会》后来被删掉，但并非因为卢梭思想改变，而是因为此章对狄德罗多有讽刺，卢梭为避免过于刺激狄德罗方删除此章，但此章依然能反映卢梭的思想。

所以构想一套政治理想，不是因为卢梭对人性的期待，而是出于他对人类能力的悲观看法和对人性的无奈。政治已经不能够从人性出发，因为人性的堕落使得人无法通过理性自发地结合成政治社会。所以卢梭指出：

> 有些人认为：在独立状态中，为了我们自己的利益，理性将使我们齐心协力为共同的幸福而努力；这种看法是错误的。①

正是因为人的利益倾向于使人互斥而非结合，所以卢梭在《社会契约论》中不是以自然人情为基础建构自己的理想政治制度。

而刘师培眼中的卢梭却恰恰相反。在刘师培看来，社会契约的缔造，正是因为人的向善本性，使社会契约得以实现。这体现在刘师培将阳明心学和卢梭的社会契约相联系的探讨中。刘师培认为：

> “良知”之说，出于《孟子》之“性善”。阳明言“良知”，而卢氏亦言性善。《民约论》不云乎“人之好善出于天性，虽未结民约之前已然矣?”斯言也甚得孟子性善之旨，而良知之说由此而生。②

刘师培这里引用的杨廷栋译文，严重误解了卢梭的原意。按照李平沤的现代译本，这句话应该译为“事物之所以美好和符合秩序，是由于它们的性质使然，而不是由于人类的约定”③，卢梭的原意根本不是认为人性善，相反，卢梭在后文中指出，正是因为人不能按照上天的旨意行事，才需要政府和法律。杨廷栋的译本有意无意地忽略卢梭原文中对人性恶的强调和对人性的悲观态度，反而试图将卢梭和孟子性善论联系起来，而且不止这一处。

而刘师培也乐于将良知说和社会契约论联系起来。这是因为刘师培的实践观是类心学的“知行合一”，他认为人有能力认识到至善社会，而

---

① ［法］让－雅克·卢梭：《社会契约论（初稿本）》，载［法］让－雅克·卢梭《社会契约论》，李平沤译，商务印书馆2011年版，第163页。

② 刘师培：《中国民约精义》，岳麓书社2013年版，第64页。

③ ［法］让－雅克·卢梭：《社会契约论》，李平沤译，商务印书馆2011年版，第41页。

只要认识到位，就可以实践成功。刘师培对人通过自身的认识能力而实现至善社会持有乐观态度（这是他唯意志论的体现），所以他认为社会契约（至善社会）的基础是性善、良知。而卢梭实际上对人通过自己的能力实现理想秩序的可能性是否定的。

刘师培对《社会契约论》的另一个误解是，刘氏将社会契约建立在人的自然情感和利益之上。这里体现为刘师培将王廷相、王夫之和戴震的气一元论思想视为社会契约的基础。刘师培认为“法律之完全，必不可不基于天性。法律基于天性之自然，故云‘自然法’。无论何国，其不相谋而各遵奉之者，皆原于人性之初者也”[①]。这意味着在刘氏看来，自然人情趋向于社会契约。而这句话尤其体现了刘师培的戴震式气一元论的思想特色，他认为全人类有普遍相同的自然人性。而刘氏直接将戴震气一元论中强调的“情欲”和卢梭社会契约论中的正义等同，他以为：

> 盖卢氏之所谓“义理”，即戴氏之所谓“情欲”。此船山所以言“天理在人欲中”也，非情欲之外，别有所谓义理。[②]

而刘师培所认为的卢梭理论中的“义理”，源自杨廷栋译文中的一句话“民约也者，以为人之天性虽有智愚强弱之不同，而以义理所生为制限”[③]。杨译本造成了卢梭原意的含混，在李平沤的现代译本中，这句话被译为“人类从自然状态一进入社会状态，他们便发生了一种巨大的变化：在他们的行为中，正义代替了本能，从而使他们的行为具有了他们此前所没有的道德性”[④]。由此可知，在卢梭的本义中，（社会契约中的）正义和人的本能（尤其指自然的、生理的欲望）是相对立的。而在刘师培的理解中，把戴震的自然情欲和卢梭理论中的正义等同起来，主张社会契约之后的正义是从自然情欲引申而来。因此刘氏和卢梭对自然情欲与正义之间关系的看法，根本相反。

---

① 刘师培:《中国民约精义》，岳麓书社 2013 年版，第 65 页。

② 刘师培:《中国民约精义》，岳麓书社 2013 年版，第 86 页。

③ 刘师培:《中国民约精义》，岳麓书社 2013 年版，第 86 页。

④ ［法］让－雅克·卢梭:《社会契约论》，李平沤译，商务印书馆 2011 年版，第 24 页。

（三）“非自然”的自然法与“自然”的自然法

卢梭的社会契约理论是建立在对人性和人的能力的悲观看法之上的。也只有在《论不平等》中描述的黄金的自然状态中，人才可以凭借自己的本性实现美好的生活。正如马斯特（Roger D. Masters）所阐释的，“（卢梭的）自然法的政治相关性源自理性的非自然本性”[①]。即卢梭式的自然法并非源自自然。就这一点而言，卢梭和多数自由主义政治哲学家相似。在自由主义那里，对市民社会中的人性不抱有乐观态度，因此靠人自发的力量无法实现完美的社会。正是因为理想社会无法实现，对现实的无奈，才使得卢梭退而求其次，寻求次一等的社会契约设想。

而刘师培在自己所理解的卢梭学说中，通过戴震式的气一元论思想基础，他相信人自身自然情感欲望和理想社会之间的一致性，“自然法”就是人的自然情感和需求。人只需要认识到理想社会就可以实践它。这种思想中对人性和人的能力的乐观实际上是和自由主义或民主主义不相合的。

（四）刘师培走向社会主义式无政府主义的必然性

通过分析刘师培眼中的卢梭，我们就可以理解刘师培为什么没有停留在民主主义，而是走向了无政府主义思想，这有其必然性。（卢梭式）的民主主义的基础在于对人性和人的能力的悲观态度。正是这种无奈的基调，使得民主主义只能维持形式的平等，民主主义从根本上不是刘师培想象的“至善社会”，它只是退而求其次的、不得已的政治秩序；而刘师培从人的自然情感利益出发建构政治理想，对人性抱有乐观态度，所以他追求的“至善社会”不会满足于民主主义的形式平等，他的“知行合一”唯意志论也对“至善社会”在当下的实现充满乐观的态度。所以刘师培追求的是普世的、当下的人类最高理想，而不可能局限于对人性具有悲观态度的、局限于形式平等的民主主义理想。正是包含无政府主义在内的社会主义才足以满足刘师培的“至善社会”想象。刘师培从卢

---

① ［美］马斯特：《卢梭的政治哲学》，尚新建、黄涛译，华东师范大学出版社2013年版，第352页。

梭式的民主主义走向无政府主义，正是有其必然性所在。

七 刘师培社会主义式无政府主义的特征及其思想来源

正如前文所述，刘师培没有停留在民主主义，而是走向了社会主义式的无政府主义，深受他的戴震式气一元论及类心学的“知行合一”唯意志论实践观的影响。而正是因为这个基础，在1907年左右，刘师培对克鲁泡特金等思想家的无政府主义产生了极大兴趣，整体思想转向了无政府主义，先后创办了介绍和宣传无政府主义的报纸《天义》和《衡报》。在他所介绍的无政府主义学说中，带有刘师培思想鲜明的特征。整体而言刘师培的“天义”派无政府主义带有以下特征：1. 废除国家、废除兵役；2. 主张完全平等，废除私有财产制，废除劳动分工，实现共产；3. 废除家庭，实现男女完全平等；4. 常将无政府主义与中国古代的平均主义乌托邦相联系；5. 主张无政府主义在当下即可实现，方式可以通过罢工、抗税和暗杀。

本书的目的重在讨论刘师培早期戴震式气一元论思想和其无政府主义时期思想的联系，因此将着重分析刘氏无政府主义思想独特之处的思想来源。同上一章讨论的康有为的大同理想相比，刘师培的无政府主义理想与康氏大同思想在废除国家、废除私有制、男女平等等方面都很类似。这体现了气一元论儒家在面对工业社会时建构政治理想的共通性。然而，与康有为的大同理想相比，刘氏的无政府主义主张至善社会应在当下实现，而非如同康有为那般将大同社会置于未来；刘氏的无政府主义更重视平等，而康有为的大同自由、平等兼重；刘氏对物质文明的强调也不如康氏。笔者认为，刘师培无政府主义的独特特征，也和刘师培继承的戴震式气一元论和类心学实践观有关。

（一）至善社会的当下实现：戴震式自然人性观的反映

不论是早期的《伦理学教科书》中刘氏对至善伦理的描述，还是无政府主义时期，刘师培都主张“至善社会”应该在当下实现。这和刘师培继承的戴震式气一元论儒学思想有密切关系。正是因为戴震主张的自然人性论，刘师培的理论中假设了一个超历史的、普遍的人性。而康有为之所以主张不同的历史阶段应该用不同的政治社会制度与之相适应，是因为在康有为的气一元论实践观下，人性是在不断被实践重新塑造的，因此康氏大同思想中，人性是历史中的人性，所以不能“躐等”，理想的大同社会不是一步到来的。而在刘师培的自然人性论中，由于人性被视为普遍相同的。刘氏主张“人身虽殊，其所含原质则同……无论若何之人类，其所含原质均同”①。所以，刘师培的政治理论中没有历史的维度，他的“至善社会”也没有时间的维度，只有理想与现实的对比。

同时，刘师培类心学的唯意志论实践观也使得刘氏对至善社会的当下实现抱有过于乐观的态度。前文指出，戴震气一元论过于强调认识的作用，这使得刘师培在实践哲学中倾向心学的实践观，在刘师培的类心学“知行合一”实践观中，认识对实践起了决定性作用。他主张，人只要认识到了理想社会，就足以开始实践。因此，刘氏的理想社会实践过于强调自发性的作用，往往忽略现实的社会形势。刘师培之所以赞扬克鲁泡特金的互助论无政府主义，是因为克鲁泡特金也倾向于从自发性的角度论述无政府主义的实践，他们都将一个更高的理想摆在人类面前，通过其与现实的对比，引导人们本能地采取实践行动。刘师培在无政府主义的实践途径中，强调暗杀的恐怖主义手段②。列宁曾指出，革命中的“恐怖派”和经济派的共同特征就是崇拜自发性③。因为刘师培一方面主张只要认识到了理想社会就足以实践，另一方面社会政治的现实是僵化而稳固的，暗杀这种方式可以满足无政府主义者对现实的愤懑。

（二）平等胜过自由：自然人性观中实践改造人性维度的缺失

戴震式的自然人性观也促使刘师培对平等的主张胜过自由。刘师培的无政府主义是绝对的平均主义。他主张：

> “故吾人所持之说，在于实行人类天然的平等，消灭人为的不平

---

① 申叔（刘师培）：《无政府主义之平等观》，《天义》，1907 年 7 月 25 日。

② 申叔（刘师培）：《无政府主义之平等观》，《天义》，1907 年 9 月 15 日。

③ 列宁：《怎么办?》，人民出版社 2018 年版，第 76 页。

等……破除一切阶级社会及分业社会。”[①]

前文已经指出，无论是其前期思想中的形式平等，还是后期思想中的绝对平等，平等一直是刘氏社会与政治学说的主轴。刘氏置平等于自由之上，深受其戴震式自然人性观影响，正是因为在自然人性观中人性被视为无法通过实践改造的存在，刘师培没有尝试通过改造人性，以发展人充分而全面的自由。刘师培的政治理想，都是在既有社会的经济下进行平均的分配。他没有试想过，随着物质文明的发展，可能为人的积极自由和人性的改造提供物质基础。所以刘氏无政府主义除了强调平等外，还往往将古代农业社会中的平均主义思想（如《孟子》中提到的许行的取消分工思想）和无政府主义混同起来。由于戴震式的自然人性观中人性没有古今之别，刘氏的无政府主义也常常将农业社会和工业社会混淆起来。

八 小结

刘师培的无政府主义来自他对西方和日本思想的选择性吸收，然而作为清代扬州学派的殿军，这种选择性的吸收深受其早年戴震式气一元论思想框架的影响。刘师培的无政府主义和康有为的大同思想有很多相近的地方，这正是因为他们都处在气一元论的传统之中。然而刘师培的理想社会是一个以当下为实现时空的乌托邦，它极为重视平等，这些刘氏“至善社会”的个性就同戴震式气一元论的自然人性论密切相关。自然人性论虽然强调人情感欲望的重要性，但其人性观是超历史的、缺少实践维度的。人对于人性只能认识而难以改造。正因为戴震式气一元论过于强调认识，所以刘师培的实践观转向了强调“知行合一”的心学实践观，因此走上了过于乐观的唯意志论；正是因为戴震式自然人性观缺少历史维度，所以刘师培的无政府主义是以当下为实现场所的。也因为自然人性观缺少改造人性的实践思想，所以刘师培强调分配意义上的平等胜过自由。这些因素使得刘师培的无政府主义是一个没有历史维度的绝对平等的社会形态。

---

① 申叔（刘师培）：《无政府主义之平等观》，《天义》，1907 年 9 月 15 日。

结　　语

> 外之不后于世界之思潮，内之仍弗失固有之血脉，取今复古，别立新宗。①
>
> ——鲁迅《坟·文化偏至论》

综合以上各章分析，笔者认为，清末的康有为和刘师培各自在其理论中发展出了广义的社会主义思想，康有为的大同思想多来自他的原创，而刘师培的“天义”派社会主义式的无政府主义思想则是对西方和日本各自社会主义、无政府主义的选择性吸收。但无论如何，他们的社会主义政治理想植根于他们早年的儒家思想，尤其是气一元论儒家思想的基底。康有为和刘师培的政治思想并没有割裂他们同他们之前儒家思想发展演变的脉络之间的关系。

在西方思想史上，唯物主义存在论思想的发展为社会主义思潮奠定了基础，因为唯物主义强调人的情感欲望，强调历史维度的唯物主义使得政治理想不再以当下的市民社会为不变的自然状态，强调实践维度的唯物主义使得政治思想强调改造市民社会以塑造更好的人性的社会。在中国思想史上，儒家思想作为一种产生于农业社会的思想体系，它本身的政治思想和社会主义并无关联，但儒家思想的存在论和伦理观念和社会主义有一定的亲和性。儒家的规范从自然人情出发，而随着人情在历史和环境的变化，规范也应随之变化。儒家这种与时变易的、建立在自

① 鲁迅：《坟·文化偏至论》，载鲁迅《鲁迅全集（第一卷）》，人民文学出版社2005年版，第57页。

然人情上的政治观可称之为情本体论，这和社会主义是有亲和关系的。但另一方面，先秦儒家中不强调改造既有的人性，只在既有人性基础上寻求中庸境界的礼治思想，是和社会主义的思想基础格格不入的，这种缺乏实践的倾向是在明清气一元论思想中得以克服的。

中古时代的中国官方思想——程朱理学中存在论的核心概念“理”的先验性和抽象性破坏了先秦儒家的情本体论，一度导致儒家和社会主义的亲和性丧失。而作为理学的反动出现的气一元论儒学在明清发展起来，将具有物质含义的气作为存在论的唯一概念，气一元论否定了基于理气二元论的划分“义理之性”和“气质之性”的人性二元论，否定了“义理之性”对欲望人情的束缚，倾向于肯定人情欲望的天然合理性。气一元论肯定了人性形成于人的社会生活，而人的社会生活是历史地层累形成的，发展出历史演化理论的潜质。气一元论儒学倾向于重视实践，重视人的主观能动地改造现实世界的活动。通过王夫之、戴震、颜元、章学诚、龚自珍等明清思想家的发展，气一元论儒学社会理论的人情、实践、历史三个维度得以发展。气一元论和奠定西方思想史上社会主义思潮的近代唯物主义存在论思想有一定相近之处，因此它为晚清社会主义思潮奠定了存在论意义上的基础。康有为和刘师培正是在气一元论思想的基底上发展出各自的社会主义政治理想的。正是因为思想来源的相似，他们的社会理想也颇为相近。

康有为和刘师培社会主义理想的差异面则来自气一元论内部的思想分化。康有为的气一元论思想和同为今文家的龚自珍相似，康氏气一元论下的重人情、重实践和历史演化思想都得以充分论述发展。因此康有为强调人性的历史性，主张人性可由实践改造，所以他的大同理想有类似于历史唯物论的倾向，一方面主张不同的社会阶段需要不同的政治秩序，大同社会被置于未来；另一方面他的大同社会是一个人性充分解放、人得以全面发展的社会。

而刘师培则是通过以焦循为代表的扬州学派，继承了戴震的气一元论的基本架构。刘师培的无政府主义理想以戴震式气一元论的自然人性论为基础。自然人性论虽然强调人情感欲望的重要性，但其人性观是超历史的、缺少实践维度的。人对于人性只能认识而难以改造。正因为戴震式气一元论过于强调认识，所以刘师培的实践观转向了强调“知行合一”的心学实践观，因此走上了过于乐观的唯意志论。正是因为戴震式自然人性观缺少历史维度，所以刘师培的无政府主义是以当下为实现场所的。也因为自然人性观缺少改造人性的实践思想，所以刘师培强调分配意义上的平等胜过自由。这些因素使得刘师培的无政府主义是一个没有历史维度的绝对平等的社会形态。

至此，本书通过详细论证已经说明，作为晚清社会主义的代表，康有为和刘师培的社会主义理想，同他们所受的传统儒学思想有着密切的关系。儒学的存在论，从先秦的“情本体论”到明清的气一元论，经过曲折的发展，在清代时已经和社会主义越发亲和。面对崭新的工业社会和外部刺激下，面对传统政治秩序合法性的瓦解。以气一元论为思想基础的晚清思想家在思想上构建新的政治秩序时，社会主义就会变成一种政治思想主基调。

本书的论述还局限在康有为和刘师培这两位传统思想的大师身上。二人分别作为清代儒家常州今文学派和扬州学派的殿军，他们身上背负着深厚的中国思想传统的遗产，本书正是将他们身上的传统遗产和他们激进的新政治秩序构想联系起来，并试图以此为镜，反映传统思想的现代转化。

然而，中国近代社会主义思想作为当时的显学，派别纷繁众多。即使在晚清，还有“新世纪”派无政府主义思想，本书尚未加以讨论。如何理解这些支脉繁多的社会主义思想的来源，如何解释他们的共性和个性，以及近代社会主义思想的思想特点如何影响近代中国革命和建设道路的选择等等，仍然是未来值得更深一步探讨的问题。

参考文献

经典文献

恩格斯:《恩格斯致倍倍尔》，载《马克思恩格斯选集（第三卷）》，人民出版社 2012 年版。

恩格斯:《恩格斯致约瑟夫·布洛赫》，载《马克思恩格斯文集（第 10 卷）》，人民出版社 2009 年版。

恩格斯:《社会主义从空想到科学的发展》，载《马克思恩格斯选集（第三卷）》，人民出版社 2012 年版。

列宁:《国家与革命》，人民出版社 2015 年版。

列宁:《怎么办?》，人民出版社 2018 年版。

马克思:《1844 年经济学哲学手稿》，人民出版社 2014 年版。

马克思:《法兰西内战》，载《马克思恩格斯选集（第三卷）》，人民出版社 2012 年版。

马克思:《关于费尔巴哈的提纲》，载《马克思恩格斯文集（第 1 卷）》，人民出版社 2009 年版。

马克思:《政治经济学批判导言》，载《马克思恩格斯全集（第 30 卷）》，人民出版社 1995 年版。

马克思:《资本论（第一卷）》，载《马克思恩格斯文集（第 5 卷）》，人民出版社 2009 年版。

马克思、恩格斯:《德意志意识形态（节选本）》，人民出版社 2018 年版。

马克思、恩格斯:《共产党宣言》，人民出版社 2014 年版。

马克思、恩格斯:《神圣家族或对批判的批判所做的批判》，载《马克思恩格斯文集（第1卷）》，人民出版社2009年版。
毛泽东：《毛泽东选集》，人民出版社1991年版。

专著

（汉）班固：《汉书·董仲舒传》，中华书局2000年版。
（汉）何休解诂，（唐）徐彦疏：《春秋公羊传注疏》，刁小龙整理，上海古籍出版社2014年版。
（汉）许慎撰：《说文解字》，（宋）徐铉校定，中华书局1963年版。
（汉）郑玄注，（唐）孔颖达疏：《礼记正义》，北京大学出版社2000年版。
（明）王阳明撰：《传习录》，载（明）王阳明《王阳明集》，王晓昕、赵平略点校，中华书局2016年版。
（清）戴望：《颜氏学记》，中华书局2009年版。
（清）戴震：《戴震文集（卷九）》，香港：香港中华书局1974年版。
（清）戴震：《戴震文集（卷十一）》，香港：香港中华书局1974年版。
（清）戴震：《孟子字义疏证》，何文光整理，中华书局1982年版。
（清）戴震：《原善》，载（清）戴震《孟子字义疏证》，何文光整理，中华书局1982年版。
（清）龚自珍：《阐告子》，载（清）龚自珍《龚自珍全集》，上海古籍出版社1975年版。
（清）龚自珍：《拟上今方言表》，载（清）龚自珍《龚自珍全集》，上海古籍出版社1975年版。
（清）龚自珍：《壬癸之际胎观第七》，载（清）龚自珍《龚自珍全集》，上海古籍出版社1975年版。
（清）龚自珍：《五经大义终始答问八》，载（清）龚自珍《龚自珍全集》，上海古籍出版社1975年版。
（清）龚自珍：《五经大义终始论》，载（清）龚自珍《龚自珍全集》，上海古籍出版社1975年版。
（清）龚自珍：《乙丙之际塾议第十六》，载（清）龚自珍《龚自珍全集》，上海古籍出版社1975年版。
（清）龚自珍：《尊命》，载（清）龚自珍《龚自珍全集》，上海古籍出版社 1975 年版。
（清）郭庆藩撰:《庄子集释》，王孝鱼点校，中华书局 2006 年版。
（清）焦循撰:《孟子正义》，沈文倬点校，中华书局 2016 年版。
（清）刘宝楠撰:《论语正义》，高流水点校，中华书局 1990 年版。
（清）刘逢禄:《公羊春秋何氏释例》，载（清）阮元、（清）王先谦编《清经解·清经解续编（第 8 册）》，凤凰出版社 2005 年版。
（清）皮锡瑞:《经学通论》，中华书局 1954 年版。
（清）苏舆撰:《春秋繁露义证》，钟哲点校，中华书局 2019 年版。
（清）王夫之:《读四书大全说》，载（清）王夫之《船山遗书（第八册)》，中国书店出版社 2016 年版。
（清）王夫之:《读通鉴论》，舒士彦点校，中华书局 2013 年版。
（清）王夫之:《尚书引义》，载（清）王夫之《船山遗书（第二册)》，中国书店出版社 2016 年版。
（清）王夫之:《周易外传》，载（清）王夫之《船山遗书（第二册)》，中国书店出版社 2016 年版。
（清）王先谦撰:《荀子集解》，沈啸寰、王星贤整理，中华书局 2012 年版。
（清）魏源:《两汉经师今古文家法考叙》，载（清）魏源《魏源全集（第十二册)》，岳麓书社 2004 年版。
（清）魏源:《默觚》，载（清）魏源《魏源集》，中华书局 2018 年版。
（清）颜元:《存性编》，载（清）颜元《颜元集》，王星贤、张芥尘、郭征点校，中华书局 1987 年版。
（清）颜元:《寄桐乡钱生晓城书》，载（清）颜元《颜元集》，王星贤、张芥尘、郭征点校，中华书局 1987 年版。
（清）颜元:《习斋记余·礼运》，载（清）颜元《颜元集》，王星贤、张芥尘、郭征点校，中华书局 1987 年版。
（清）颜元:《颜习斋先生言行录·刁过第十九》，载（清）颜元《颜元集》，王星贤、张芥尘、郭征点校，中华书局 1987 年版。
（清）颜元:《颜习斋先生言行录·刚峰第七》，载（清）颜元《颜元集》，王星贤、张芥尘、郭征点校，中华书局 1987 年版。
（清）章学诚:《史释》，载（清）章学诚撰《文史通义校注》，叶瑛校注，中华书局 2014 年版。
（清）章学诚：《易教上》，载（清）章学诚撰《文史通义校注》，叶瑛校注，中华书局 2014 年版。
（清）章学诚：《与林秀才》，载仓修良编《文史通义新编》，浙江古籍出版社 2005 年版。
（清）章学诚：《原道上》，载（清）章学诚撰《文史通义校注》，叶瑛校注，中华书局 2014 年版。
（清）章学诚：《原道中》，载（清）章学诚撰《文史通义校注》，叶瑛校注，中华书局 2014 年版。
（宋）黄士毅编：《朱子语类汇校》，徐时仪、杨艳汇校，上海古籍出版社 2016 年版。
（宋）张载：《经学理窟·学大原上》，载（宋）张载《张载集》，章锡琛点校，中华书局 2012 年版。
（宋）张载：《正蒙·诚明篇》，载（宋）张载《张载集》，章锡琛点校，中华书局 2012 年版。
（宋）朱熹撰：《论语集注》，载（宋）朱熹撰《四书章句集注》，中华书局 2011 年版。
（宋）朱熹撰：《中庸章句》，载（宋）朱熹撰《四书章句集注》，中华书局 2011 年版。
（魏）王弼注，（唐）孔颖达疏：《周易正义》，北京大学出版社 2000 年版。
［韩］曹世铉：《清末民初无政府派的文化思想》，社会科学文献出版社 2003 年版。
常超：《“托古改制”与“三世进化”：康有为公羊学思想研究》，北京大学出版社 2015 年版。
陈鼓应：《老子注译及评介》，中华书局 2009 年版。
陈其泰：《清代春秋公羊学通论》，华夏出版社 2018 年版。
陈正炎、林其锬：《中国古代大同思想研究》，上海人民出版社 1986 年版。
陈周旺：《正义之善：论乌托邦的政治意义》，天津人民出版社 2003 年版。

冯友兰：《中国哲学史（上册）》，华东师范大学出版社 2000 年版。
复旦大学哲学系中国哲学教研室：《中国古代哲学史》，上海古籍出版社 2011 年版。
干春松：《康有为与儒学的“新世”》，华东师范大学出版社 2015 年版。
葛懋春等编：《无政府主义思想资料选》，北京大学出版社 1984 年版。
郭沫若：《十批判书》，东方出版社 1996 年版。
郭院林：《彷徨与迷途：刘师培思想与学术研究》，凤凰出版社 2012 年版。
洪涛：《〈论语〉之政治学——“为政以德”章释义》，载洪涛《本原与事变：政治哲学十篇》，上海人民出版社 2009 年版。
洪涛：《逻各斯与空间：古代希腊政治哲学研究》，上海人民出版社 2000 年版。
洪涛：《心术与治道——荀子心性论研究》，载洪涛《心术与治道》，上海人民出版社 2013 年版。
侯外庐主编：《中国思想通史（第五卷）：中国早期启蒙思想史》，人民出版社 1956 年版。
胡适：《戴东原的哲学》，上海古籍出版社 2014 年版。
胡适：《中国哲学史大纲》，上海古籍出版社 1997 年版。
黄开国：《公羊学发展史》，人民出版社 2013 年版。
蒋俊、李兴芝：《中国近代的无政府主义思潮》，山东人民出版社 1991 年版。
金观涛、刘青峰：《中国思想史十讲》，法律出版社 2015 年版。
金观涛、刘青峰：《中国现代思想的起源：超稳定结构与中国政治文化的演变》，法律出版社 2011 年版。
康有为：《长兴学记》，载康有为《万木草堂口说（外三种）》，姜义华、张荣华编校，中国人民大学出版社 2010 年版。
康有为：《春秋董氏学》，载康有为《康有为全集（第二集）》，姜义华、张荣华编校，中国人民大学出版社 2007 年版。
康有为：《答朱蓉生书》，载康有为《康有为全集（第一集）》，姜义华、张荣华编校，中国人民大学出版社 2007 年版。
康有为：《大同书》，姜义华、张荣华编校，中国人民大学出版社 2010 年版。

康有为：《桂学答问》，载康有为《万木草堂口说（外三种）》，姜义华、张荣华编校，中国人民大学出版社 2010 年版。

康有为：《康子内外篇》，载康有为《康有为全集（第一集）》，姜义华、张荣华编校，中国人民大学出版社 2007 年版。

康有为：《孔子改制考》，姜义华、张荣华编校，中国人民大学出版社 2010 年版。

康有为：《论语注》，载康有为《康有为全集（第六集）》，姜义华、张荣华编校，中国人民大学出版社 2007 年版。

康有为：《孟子微》，载康有为《康有为全集（第五集）》，姜义华、张荣华编校，中国人民大学出版社 2007 年版。

康有为：《南海师承记》，载康有为《万木草堂口说（外三种）》，姜义华、张荣华编校，中国人民大学出版社 2010 年版。

李帆：《刘师培与中西学术》，北京师范大学出版社 2014 年版。

李泽厚：《康有为谭嗣同思想研究》，上海人民出版社 1958 年版。

李泽厚：《中国近代思想史论》，生活·读书·新知三联书店 2008 年版。

梁启超：《论中国学术思想变迁之大势》，上海古籍出版社 2006 年版。

梁启超：《南海康先生传》，载梁启超《梁启超全集（第一册）》，北京出版社 1999 年版。

梁启超：《清代学术概论》，上海古籍出版社 1998 年版。

梁启超：《先秦政治思想史》，中国人民大学出版社 2012 年版。

梁漱溟：《东西文化及其哲学》，上海人民出版社 2007 年版。

梁漱溟：《中国文化要义》，上海人民出版社 2011 年版。

刘师培：《理学字义通释》，载刘师培《仪征刘申叔遗书》，万仕国点校，广陵书社 2014 年版。

刘师培：《伦理教科书》，载刘师培《经学教科书·伦理教科书》，万仕国点校，广陵书社 2013 年版。

刘师培：《南北考证学不同论》，载刘师培《刘师培辛亥前文选》，李妙根编；朱维铮校，中西书局 2012 年版。

刘师培：《中国民约精义》，岳麓书社 2013 年版。

刘小枫：《中译本导言》，载［德］卡尔·洛维特《世界历史与救赎历史》，李秋零、田薇译，商务印书馆 2016 年版。

吕思勉：《吕著中国通史》，华东师范大学出版社 2005 年版。
牟宗三：《道德的理想主义》，吉林出版集团有限责任公司 2011 年版。
钱穆：《论语新解》，九州出版社 2011 年版。
钱穆：《中国近三百年学术史》，商务印书馆 1997 年版。
谭嗣同：《仁学》，载谭嗣同《谭嗣同全集》，中华书局 1998 年版。
汤志钧：《经与史：康有为与章太炎》，中华书局 2018 年版。
汤志钧：《康有为的大同思想与《大同书》》，上海人民出版社 2016 年版。
汪荣祖：《康有为论》，中华书局 2006 年版。
汪荣祖：《晚清变法思想论丛》，新星出版社 2008 年版。
王汎森：《中国近代思想与学术的系谱》，生活・读书・新知三联书店 2018 年版。
吴晓番：《现代自我的兴起：龚自珍思想的哲学阐释》，华东师范大学出版社 2014 年版。
吴雁南、冯祖贻、苏中立主编：《清末社会思潮》，福建人民出版社 1990 年版。
萧公权：《康有为思想研究》，汪荣祖译，中国人民大学出版社 2014 年版。
徐复观：《中国人性论史・先秦篇》，生活・读书・新知三联书店 2001 年版。
臧世俊：《康有为大同思想研究》，广东高等教育出版社 1997 年版。
曾亦：《共和与君主：康有为晚期思想研究》，上海人民出版社 2010 年版。
曾亦、郭晓东：《春秋公羊学史》，华东师范大学出版社 2017 年版。
张岱年：《中国哲学大纲》，中国社会科学出版社 1982 年版。
张汝伦：《现代中国思想研究》，上海人民出版社 2014 年版。
张舜徽：《清代扬州学记》，广陵书社 2004 年版。
张陟遥：《播火者的使命——幸德秋水的社会主义思想及其对中国的影响》，社会科学文献出版社 2013 年版。

译著

［德］黑格尔：《法哲学原理：或自然法和国家学纲要》，张企泰、范扬

译，商务印书馆 1997 年版。

［德］卡尔·洛维特：《世界历史与救赎历史》，李秋零、田薇译，商务印书馆 2016 年版。

［德］马克斯·韦伯：《儒教与道教》，王容芬译，商务印书馆 2004 年版。

［德］雅斯贝尔斯：《论历史的意义》，载［英］汤因比等《历史的话语：现代西方历史哲学译文集》，张文杰编，广西师范大学出版社 2002 年版。

［法］傅立叶：《关于普遍命运的几个方面的说明》，载［法］傅立叶《傅立叶选集（第一卷）》，赵俊欣、吴模信、徐知勉、汪文漪译，商务印书馆 1979 年版。

［法］傅立叶：《文明制度的剖析》，载［法］傅立叶《傅立叶选集（第二卷）》，赵俊欣、吴模信、徐知勉、汪文漪译，商务印书馆 1979 年版。

［法］傅立叶：《引力的结构与和谐》，载［法］傅立叶《傅立叶选集（第二卷）》，赵俊欣、吴模信、徐知勉、汪文漪译，商务印书馆 1979 年版。

［法］卢梭：《论人类不平等的起源和基础》，李常山译，商务印书馆 1997 年版。

［法］让－雅克·卢梭：《社会契约论（初稿本）》，载［法］让－雅克·卢梭《社会契约论》，李平沤译，商务印书馆 2011 年版。

［法］让－雅克·卢梭：《社会契约论》，李平沤译，商务印书馆 2011 年版。

［古希腊］亚里士多德：《政治学》，吴寿彭译，商务印书馆 1965 年版。

［美］列奥·施特劳斯：《霍布斯的政治哲学：基础与起源》，申彤译，译林出版社 2012 年版。

［美］马斯特：《卢梭的政治哲学》，尚新建、黄涛译，华东师范大学出版社 2013 年版。

［美］乔·奥·赫茨勒：《乌托邦思想史》，张兆麟等译，商务印书馆 1990 年版。

［美］张灏：《危机中的中国知识分子——寻求秩序与意义（1890—1911）》，高力克、王跃译，中央编译出版社 2016 年版。

［美］张灏：《转型时代中国乌托邦主义的兴起》，载张灏《烈士精神与批判意识——谭嗣同思想的分析》，崔志海、葛夫平译，中央编译出版社 2016 年版，第 186 页。

［日］沟口雄三：《中国的公与私·公私》，郑静译，生活·读书·新知三联书店 2011 年版。

［日］沟口雄三：《中国思想史·宋代至近代》，龚颖、赵士林、孙道凤译，生活·读书·新知三联书店 2014 年版。

［日］沟口雄三：《作为方法的中国》，孙军悦译，生活·读书·新知三联书店 2011 年版。

［日］丸山真男：《日本政治思想史研究》，王中江译，生活·读书·新知三联书店 2000 年版。

［日］小野泽精一、［日］福永光司、［日］山井涌等编著：《气的思想——中国自然观和人的观念的发展》，李庆译，上海人民出版社 1990 年版。

［匈］卢卡奇：《历史唯物主义的功能变化》，载卢卡奇《历史与阶级意识》，杜章智、任立、燕宏远译，商务印书馆 1992 年版。

［英］边沁：《政府片论》，沈叔平译，商务印书馆 1997 年版。

［英］霍布斯：《利维坦》，黎思复、黎延弼译，商务印书馆 2017 年版。

［英］罗伯特·欧文：《〈新道德世界书〉摘译》，载［英］罗伯特·欧文《欧文选集（第二卷）》，柯象峰、何光来、秦果显译，商务印书馆 1981 年版。

［英］罗伯特·欧文：《人类思想和实际中的革命或将来从无理性到有理性的过渡》，载［英］罗伯特·欧文《欧文选集（第二卷）》，柯象峰、何光来、秦果显译，商务印书馆 1981 年版。

［英］罗伯特·欧文：《新社会观，或论人类性格的形成》，载［英］罗伯特·欧文《欧文选集（第一卷）》，柯象峰译，商务印书馆 2009 年版。

［英］罗伯特·欧文：《自传》，载［英］罗伯特·欧文《欧文选集（第三卷）》，焦加、吴忆萱、黄惟新、柯象峰译，商务印书馆 1998 年版。

［英］洛克：《政府论（下篇）》，叶启芳、瞿菊农译，商务印书馆 1964 年版。

期刊论文

陈其泰:《公羊历史哲学的形成和发展》,《孔子研究》1989 年第 2 期。

董四代、李经纲:《中国近代空想社会主义的特点及其向科学社会主义的发展》,《科学社会主义》1991 年第 5 期。

董四代、王海林:《中国近代社会主义思想的几个理论问题》,《江西师范大学学报》(哲学社会科学版)2015 年第 4 期。

高瑞泉:《论平等观念的儒家思想资源》,《社会科学》2009 年第 4 期。

吴根友:《戴震伦理学中的自由思想申论》,《武汉大学学报》(哲学社会科学版)1999 年第 4 期。

张清江:《理学生死论辩中的性、形与气——以朱熹对张载“水冰”比喻的批评为中心》,《中国哲学史》2018 年第 2 期。

郑大华:《中国近代社会主义研究的几个问题》,《教学与研究》2010 年第 10 期。

周振新、余桂红:《解读刘师培——基于人格心理学的视角》,《理论月刊》2006 年第 11 期。

报纸

申叔(刘师培):《无政府主义之平等观》,《天义》,1907 年 7 月 25 日。

申叔(刘师培):《无政府主义之平等观》,《天义》,1907 年 9 月 15 日。

申叔(刘师培):《〈共产党宣言〉序》,《天义》,1908 年 3 月。

英文文献

Levenson, Joseph R. , *Confucian China and Its Modern Fate-A Trilogy*, Oakland: University of California Press, 1958.

Cohen, Paul A. , *Discovering History in China : American Historical Writing on the recent Chinese Past*, New York: Columbia University Press, 1997.

Strauss, Leo. , *Natural Right and History*, Chicago: The University of Chicago Press, 1953.

Weber, Max, *The Protestant Ethic and the Spirit of Capitalism*, trans by Talcott Parsons, Los Angeles: Roxbury Publishing Company, 1998.

Sabine, George H. , *A History of Political Theory*, 4th ed, Hinsdale: Dryden Press, 1973.

Anderson, Perry, *Lineages of the Absolutist state*, London : Verso , 1979.

Macpherson, C. B. , *The Political Theory of Possessive Individualism*: Hobbes to Locke, Oxford: Oxford University Press, 1962.

Kumar, Krishan, *Utopia and Anti-Utopia in Modern Times*, Oxford: Basil Blackwell, 1987.

Arendt, Hannah, *The Human Condition*, Chicago: The University of Chicago Press, 1958.

后　记

“国族无穷愿无极，江山辽阔立多时”（徐复观诗）。拙著寄托了我对近代中国文化、政治发展转型的宏观层面的关怀，背后是对如何理解中国传统、二十世纪中国思想转型和中国文化的未来的思考。

“人类苟负有某一种文化演进之使命，则必抟成一民族焉”（钱穆《国史大纲》引言）。清季民初，我民族之衰颓敝残，不绝如缕，有史以来未有比焉，然终能振衰起敝，郁勃焕发者，盖中华文化赓续演进，赋我民族以生生之泉源。是以拙著亦不欲以“断裂”视晚清思想之大变局。文化者，非一泓静潭，困于山岭之间；而恰如不息之江河，盈科而后进，放乎四海。民族文化，有本者如是也。本书亦图发扬近代民族文化蜕于浊秽，涤故更新之精神，以勉吾辈后世子孙。

“大学之道，在明明德”。学术工作是创造性的，它意味着永恒的热情和艰苦的劳动。阿伦特曾说“有死者的任务和潜在的伟大在于他们创造的能力……以他们在身后留下不可磨灭印记的能力，获得属于自己的不朽。”（《人的境况》）从这个角度看，以学术为业是高尚的。然而在高度理性化的当代社会，学术研究的领域越来越精窄，当研究对象不再是有机统一体；而在社会高速运转与进步的前提下，任何创造性的成功注定要被学科进步的过程所淘汰。就此而言，从事学术又是紧张而痛苦的。在这种情况下，作为一名从事学术工作的人，需要有完整的人格，所谓“君子不器”。亦不可或缺心中的使命感，仁以为己任，任重而道远。儒有小人君子之别，慎勿为唯务雕虫，专工翰墨的小人儒，是要对自己的告诫。

没有父母、外祖父母、祖父母对我二十余年的的养育之恩，又岂能有这本书的产生。外祖父于本书撰写期间离世，祖父祖母于我就学、工作期间亦驾鹤西去，愿以此书告慰三位老人在天之灵。

感谢女友的悉心陪伴，没有她，本书定会失掉许多光彩。

感谢业师陈明明教授、洪涛教授的教导，二位老师学风谨严，为人正直和煦，永志师恩，难以忘怀。王德峰教授学贯中西，智慧通达，素为晚生景仰，王教授特为拙著撰写序言，不胜感激。

感谢路渊源老师、徐若杰兄和中国社会科学出版社的乔镜蜚兄，本书的出版、编辑、装帧，三位老师皆精心襄助。感谢各位中央党校（国家行政学院）领导老师在本书的出版经费上给予的宝贵资助。

拙著撰讫，略陈固陋，谨属七古一首，以结本书。

历山蛩鸣灯下影，犹忆沪上载酒行。
小楼幽窗梧桐雨，何惭睢园竹菁菁。
生不用封万户侯，长揖雄谈座上英。
刘郎羞问田舍事，往哲风流入醪瓶。
兴怀畅叙兰亭会，鹅湖不辩理未明。
幽云呜呃轧申城，三五少年雷霆行。
凌云心事走疾雨，总恨水柔风不鸣。
短檠毫端思诸公，诸公蕴藉影崚嶒。
四渎沧海衣带水，何必长亭复短亭？
碣石潇湘各去矣，九州濯剑济苍生。